# Sem medo de saber

ILAN GORIN

# SEM MEDO DE SABER

A importância do
**diagnóstico precoce do câncer**

40 HISTÓRIAS PESSOAIS

SEXTANTE

preparo de originais: Caroline Soares
revisão: Luis Américo Costa, Sérgio Bellinello Soares e Tereza da Rocha
projeto gráfico, diagramação e capa: Substância 4
pré-impressão: ô de casa
impressão e acabamento: Associação Religiosa Imprensa da Fé
crédito das fotos de capa:
Herson Capri – Carlos Ivan/ Agência O Globo
Carlos Zara – Roberto Faustino/ Agência O Globo
Leandro – Guto Costa/ Agência O Globo
Patrícia Pillar – Leandro Aversa/ Agência O Globo
Mário Covas – Luiz Carlos Santos/ Agência O Globo
Giba – Carol Feichas/Agência O Dia/AE
Lucinha Araújo – Arquivo pessoal
Raul Cortez – Alex Silva/ Agência O Globo/ Diário de SP
Gisela Amaral – Marizilda Cruppe/ Agência O Globo

CIP-BRASIL. CATALOGAÇÃO-NA-FONTE
SINDICATO NACIONAL DOS EDITORES DE LIVROS, RJ

G681s

Gorin, Ilan
Sem medo de saber: a importância do diagnóstico precoce do câncer: 40 histórias pessoais / Ilan Gorin. – Rio de Janeiro: Sextante, 2007.

ISBN 978-85-7542-305-9

1. Câncer – Diagnóstico. 2. Câncer – Prevenção. 3. Celebridades – Brasil – Entrevistas. I. Título.

07-2872 CDD: 616.9940981
CDU: 616-006(81)


GMT Editores Ltda.
Rua Voluntários da Pátria, 45/1.404 – Botafogo
22270-000 – Rio de Janeiro – RJ
Tel.: (21) 2286-9944 – Fax: (21) 2286-9244
e-mail: atendimento@esextante.com.br
www.sextante.com.br

Agradeço a

Márcio Vassallo,
Vivian Oswald Paes Leme,
Rogério de Carvalho,
Maria Cristina Zappa,
Geraldo Jordão Pereira,
Felipe Cuiabano Barbosa,
Francisco Müssnich,
Eliane Mello Brenner,
todos os 40 entrevistados,
Dr. Seiei Yasuda,
Dr. Hironobu Ochi,
Drª Cristina Abdala,
Dr. Fábio Cuiabano Barbosa,
Selmo Nissenbaum,
Iane Kestelman,
Ana L. Gorin,
Michelle C. Gorin,
Alexandre C. Gorin,
Natan L. Gorin,
Sonia Gorin
e a imprescindível internet.

*Ilan Gorin*

Os direitos autorais serão doados integralmente às três instituições abaixo:

- Hospital do Câncer A. C. Camargo – São Paulo
- INCA – Rio de Janeiro
- Casa de Apoio São Luiz – Goiânia, criada pela família do cantor Leandro.

Arquivo pessoal

Este livro é uma homenagem ao meu inesquecível pai, NELSON GORIN.

*Ilan Gorin*

# Sumário

## 1. 40 histórias pessoais

*com a participação do jornalista Márcio Vassallo*

## 2. *Como diagnosticar precocemente o câncer*
### *com a participação da jornalista Vivian Oswald Paes Leme*

Arquivo pessoal

*Ilan Gorin*

# Introdução

Meu pai, Nelson Gorin, faleceu de câncer de pulmão, no início do ano 2000, aos 59 anos. Ele descobriu o tumor no começo de 1996, quando, por conta de uma pedra nos rins, fez diversos exames, inclusive um raio-x do pulmão, em que se constatou o que aparentava ser um nódulo de tamanho médio. Ao fazer uma tomografia, apareceram não só esse nódulo como vários outros, menores, nos dois pulmões. Poucos dias depois, uma cirurgia revelou que todos eram malignos, do tipo carcinoma bronquíolo-alveolar, e que não havia possibilidade de cura, apenas de controle temporário do problema por meio de quimioterapia, o que lhe permitiu uma sobrevida de quase quatro anos.

Talvez sem dimensionar ao certo as conseqüências, meu pai fumou dos 13 aos 40 anos, quando colocou três pontes de safena. Acho que nessa fase ele parou de fumar temporariamente, mas voltou ao vício, primeiro escondido da família e mais tarde abertamente, com uma intensidade um pouco menor.

Desde a época em que meu pai operou o coração, fiquei muito preocupado em dar assistência a ele. Íamos sempre ao hospital para saber se estava tudo bem. Eram exames muito estressantes e a cirurgia havia sido bem traumática. Não queríamos nem pensar na possibilidade de ele precisar fazer outra.

Mesmo vendo na televisão algumas campanhas contra o fumo, esclarecendo que as pessoas poderiam desenvolver câncer de pulmão por conta do cigarro, aquelas informações entravam por um ouvido e saíam pelo outro. Eu, pessoalmente, estava cego, e só pensava em controlar a saúde cardíaca dele. O câncer, de fato, nem passava pela minha cabeça.

Porém, depois da cirurgia no pulmão, o oncologista nos deu uma previsão de seis meses de sobrevida para o meu pai. Ele acabou vivendo mais quatro anos e passou por constantes tratamentos de quimioterapia e algumas cirurgias pontuais: uma para a colocação de um cateter, para facilitar a químio, e outra para a retirada de água do pulmão.

A quimioterapia o deixou muito enfraquecido e bem mais sensível psicologicamente. Mas ele continuou trabalhando, até seus últimos dias. Eu já trabalhava com ele há muitos anos; comecei em 1985 em nosso escritório de auditoria. Nós dois éramos muito ligados. Muito mesmo. Fiz várias tentativas para que ele parasse de fumar. Imaginei que pudesse influenciá-lo mais do que outras pessoas, mas nem sempre tudo acontece da forma e na velocidade que imaginamos.

Numa dessas tentativas, a mais radical de todas, comecei a fumar, deixando claro para meu pai que estava fazendo isso exclusivamente para que ele levasse um choque e que parasse de fumar, para me proteger. Assim, eu poderia protegê-lo também de outras complicações cardíacas. Nessa época, eu ainda ignorava completamente a possibilidade de um câncer em nossas vidas. Eu dizia que só pararia de fumar quando ele parasse. E estava determinado a cumprir minha promessa.

Entretanto, meu pai ficou muito abalado com essa situação e se sentiu agredido por mim. Ele não cedeu, continuou fumando, irritado com meu comportamento. Por outro lado, comecei a me viciar. Ele ficou muito nervoso com o método que usei.

Acho que o cigarro era uma válvula de escape tão importante que nem o amor enorme que ele tinha por mim poderia mudar o rumo daquela história. Na época, eu já tinha dois filhos e estava com uns 28 anos de idade.

Um ano depois, consegui convencê-lo a assinar um termo de compromisso garantindo que pararia de fumar em seis meses desde que eu também parasse a partir daquele momento. Então, eu parei, mas ele não.

O impressionante é que, ao constatar que ele não tinha mesmo parado, percebi o quanto o cigarro havia sido eficiente no controle do meu estresse, e recomecei a fumar, agora por vontade própria. Escondido dele. Acho que meu pai morreu e nunca soube disso.

Nesse período, eu continuava sem me preocupar com a possibilidade de enfrentar um câncer como meu pai, apesar de meu avô paterno ter falecido em decorrência dessa doença. Mas ele havia morrido de câncer de próstata, com 73 anos de idade. Não achava que aquilo poderia ser hereditário. Só parei de fumar quando descobri, chocado, que meu pai estava com câncer de pulmão. Antes disso, passei uns dois anos fumando.

No dia da cirurgia, um dos médicos que operou meu pai tentou me consolar dizendo que o pai dele havia morrido do mesmo tipo de câncer, vinte e tantos anos antes. E aquela conversa não saiu da minha cabeça. Eu pensava: "Caramba, mais de 20 anos depois de perder o pai, esse médico continua vendo pessoas sofrerem e morrerem do mesmo mal."

Dessa forma, nasceu meu primeiro projeto. Eu queria salvar meu pai e ajudar a encontrar a cura do câncer antes de ele morrer. Para isso contratei uma jornalista, no Brasil, que se encarregou, com a colaboração de diversos profissionais, de preparar uma página inteira a ser publicada na imprensa solicitando ao G5 (grupo dos cinco países mais industrializados do mundo: França, Alemanha, Japão, Reino Unido e Estados Unidos) que se voltasse para o investimento comum de recursos com o objetivo de encontrar a cura do câncer.

Esse texto publicitário seria impresso numa página inteira no *The New York Times*, no *Le Monde*, enfim, no principal jornal de cada país do G5, na data em que eles estivessem reunidos. O texto relataria o caso do meu pai e apelaria para que eles somassem esforços em torno da pesquisa e dos avanços em relação à cura do câncer.

Um dos profissionais que colaboraram nesse projeto foi o publicitário Washington Olivetto. O pai dele havia morrido de câncer pouco tempo antes, e ele também resolveu contribuir. Mas, no final das contas, meu pai preferiu não se expor e o projeto não seguiu adiante.

Surgiu então a idéia de fazer um livro sobre o assunto, voltado para o público leigo, que esclarecesse a importância de discutir o tema e de descobrir o câncer em seu estágio inicial. Afinal, quando descoberta em sua fase embrionária, a doença quase sempre tem cura, como se pode comprovar pelas tabelas estatísticas nas páginas 242 a 244. Acho que não podemos ficar à mercê das casualidades, das fatalidades da vida. Afinal, se a inteligência humana ainda não foi capaz de descobrir a cura do câncer, então vamos usá-la para fazer tudo o que estiver ao nosso alcance no momento.

Porém, por falta de tempo e por dificuldades operacionais, só comecei a tocar este projeto em março de 2005, quando conheci o jornalista Márcio Vassallo, que trabalhou comigo na concepção editorial do livro. Ele começou a entrevistar pessoas que, de alguma forma, conviveram com a realidade do câncer. Dei preferência a pessoas conhecidas do público, para chamar ainda mais a atenção para esse assunto tão complexo, difícil, delicado e ainda tão pouco comentado com a profundidade e a seriedade necessárias.

Felizmente, Márcio conseguiu depoimentos humanos emocionantes, mas sem ser piegas. Enfim, são testemunhos realmente importantes dessas pessoas. Nesses depoimentos, constatamos que os casos de cura advêm, em geral, de situações de absoluta sorte ou por medidas preventivas somente pontuais, como a mamografia, que já é um exame mais popular, e não de uma análise de corpo inteiro, buscando o melhor uso da medicina atual para evitar os casos que realmente não têm solução quando descobertos tarde demais.

Mais do que testemunhos urgentes e importantes, os depoimentos dessas 40 pessoas, conhecidas ou não do público, são um convite para nos cuidarmos e também para aproveitarmos ao máximo o que a vida tem de melhor: nossos afetos e nossos momentos mais preciosos, sem ressentimentos, sem culpas, sem guardar coisas por dizer, fazer e viver.

No final, este livro tenta mostrar um ou mais caminhos para o leitor evitar essa doença que faz tantas vítimas. Esta é a realidade: todo mundo está sujeito a ter um câncer em qualquer parte do organismo, a qualquer momento. O câncer é um inimigo invisível e sobre o qual as pessoas pouco se informam por medo de falar, de investigar, de saber.

De fato, os exames de câncer geralmente são caros para a maioria das pessoas e não são cobertos pela maioria dos planos de saúde, principalmente quando feitos por quem está aparentemente saudável, sem sintomas específicos. Por outro lado, não é recomendável que se espere qualquer sintoma de câncer para investigá-lo e agir. Vamos ver aqui neste livro que a maioria dos tipos de câncer só acusa os primeiros sintomas em etapas mais avançadas, quando a cura é pouco viável.

Os centros médicos que se dedicam ao estudo do diagnóstico precoce do câncer (Japão, Coréia e Taiwan), com o uso de todos os equipamentos possíveis, diagnosticam o câncer em até 4,95% de pessoas assintomáticas. Esse percentual é alto, se pensarmos nas famílias que evitaram a dor de enfrentar essa doença e de perder alguém muito querido.

Mas como um médico aqui no Brasil conseguiria convencer seus pacientes, aparentemente saudáveis, a enfrentar um custo tão elevado, um gasto de tempo de um a dois dias por ano e ainda o estresse em relação aos resultados dos exames? Considerando que há uma remota possibilidade de se identificar um sinal falso-positivo, o que poderia levar a pessoa a partir até para uma pequena cirurgia, uma biópsia mais apurada, e depois descobrir muitas vezes que de fato não tinha nada? Como um médico conseguiria tudo isso numa sociedade que não tem a cultura do diagnóstico precoce de câncer em assintomáticos, como é o caso do Brasil?

Provavelmente a pessoa imaginaria que o médico é um neurótico ou que recebera alguma remuneração por esses exames. E como convencer também os planos de saúde a investirem em exames em assintomáticos, se eles mal conseguem cobrir os exames em pessoas que já manifestam sintomas? Como o governo lidaria com isso?

Além de tudo, as pessoas têm muito medo de descobrir um problema tão grave, em meio a tantos outros que a vida já nos apresenta.

Antes de começar este livro, e ao longo do seu processo de produção, fui tachado como neurótico por muitas pessoas. Mas a pergunta que eu sempre me faço é a seguinte: será que as famílias e os amigos queridos das pessoas que morreram de câncer achariam maluquice, ou paranóia, se submeterem a uma série de exames necessários para salvar seus pais, seus irmãos, seus maridos, suas mulheres, enfim, para salvar as pessoas que eles amavam e perderam por falta de prevenção?

Outra coisa que me disseram muito foi que este seria um livro elitista, principalmente pelos exames caros que recomendamos aqui. Como se a classe média ou a alta devessem ser privadas dessas informações em respeito a quem não tem acesso a essas tecnologias de exames. Como se não fosse obrigação do governo proteger a saúde da população e como se os planos de saúde não pudessem concluir no futuro que a prevenção é economicamente mais viável.

Mas, enfim, depois de pesquisar muito na internet, descobri que existe um oásis da informação nesse sentido nas proximidades de Tóquio, onde, há mais de 10 anos, dois profissionais de altíssimo nível (Seiei Yasuda e Michiru Ide, representado por Hironobu Ochi neste livro) realizam um volume significativo de exames modernos e completos em pessoas aparentemente saudáveis, em um país onde a cultura é muito diferente da nossa, além do NCC (Centro Nacional de Câncer do Japão), que, com o aval do governo japonês, também endossa e incentiva essa visão.

Esses dois profissionais, que já conseguiram salvar milhares de pessoas com o diagnóstico precoce do câncer, até então haviam se limitado a divulgar os seus conhecimentos em publicações e encontros altamente especializados e científicos, sem atingir o público leigo nem a maioria dos médicos das diversas especialidades pelo mundo afora.

Enquanto não houver uma vacina eficaz para todos os tipos de câncer, é prioridade para o ser humano a busca da prevenção e do diagnóstico precoce.

Fiquei muito feliz em encontrar esses profissionais e tornar possível trazer para o Brasil essas informações. Para isso, encaminhei especialmente ao Japão a jornalista Vivian Oswald. Ela conseguiu, pessoalmente, apurar muitos conhecimentos desses dois homens e transformou todo esse saber técnico em algo compreensível para o leigo.

Esse trabalho da Vivian nos traz informações precisas e contundentes sobre o que há de mais avançado em diagnóstico precoce de câncer, há mais de 10 anos, nos centros mais importantes do mundo.

Por sua vez, os depoimentos das pessoas que enfrentaram o câncer têm a importância vital de quebrar paradigmas. Se essas pessoas se dispuseram a contar, recontar e repensar sua experiência pessoal, sob vários ângulos diferentes, isso quebra o tabu de que o assunto não deve ser conversado. Manter essa discussão à parte da sociedade contribui para que a doença continue literalmente intocável. Nesse caso, o silêncio é um grande aliado do câncer.

Quanto mais divulgarmos os casos de câncer, mais a opinião pública poderá se conscientizar da existência de todos os exames altamente eficazes, precisos e modernos, capazes de diagnosticar precocemente a maioria dos cânceres.

Cada um dos depoimentos das pessoas que conviveram com a realidade do câncer tem a sua própria característica. Cada um deles traz para o leitor várias lições de vida. Não para ensinar ninguém a viver, mas para que cada um descubra, ou redescubra, por si só, diferentes maneiras de olhar o mundo, as pessoas, a si mesmo, e pensar que não há nada mais precioso do que a vida e que vale a pena se cuidar, se informar, se prevenir. Nenhum esforço é suficiente nesse sentido.

Sonho que este livro seja capaz de chegar ao maior número possível de leitores. E que os leitores possam absorver as informações aqui descritas e não sejam pegos de surpresa, e, se um dia acusarem algum indício da doença, possam alcançar a cura na sua plenitude.

Acredito, de coração, que muitas histórias de sofrimento podem ser evitadas. Muitas vezes fazer exames de rotina, buscar um diagnóstico, saber que um câncer pode fazer parte da sua vida realmente é bem assustador e preocupante. Entretanto, não saber é muito mais.

Por isso, se este livro possibilitar um diagnóstico precoce para você, ou para alguém próximo, com cura absoluta, se possível, escreva para mim: ilangorin@uol.com.br.

Afinal, se eu não tive, na época, informação para ajudar meu pai a se salvar, que eu possa saber, e que meu pai saiba, onde quer que ele esteja, que outras pessoas tiveram um final feliz devido a uma prevenção e a um diagnóstico precoce. Que de alguma forma a perda de meu pai não tenha sido em vão.

*Ilan Gorin*

Arquivo pessoal

*Ricardo, Noemi, Alexandre e Leo Kaplan*

# *Alexandre Kaplan, empresário*

*Primeiro caso de cura beneficiado pelo livro* Sem medo de saber

Em minha vida, nunca me interessei em saber mais sobre doenças, muito menos fazer exames médicos preventivos. As únicas exceções eram com os filhos, familiares e amigos.

Procuro cuidar da minha saúde fazendo atividades físicas regulares, não fumando, bebendo apenas socialmente, seguindo uma dieta com pouca fritura e gordura e controlando o peso. Entretanto, tenho colesterol e triglicerídeos altos. E isso era o mais grave em termos de saúde com que eu tinha de me preocupar.

Pertenço ainda a uma geração em que o câncer é associado a uma grande tristeza, pelo sofrimento que causa a todos. Embora, nesses últimos 20 anos, eu tenha conhecido muitas pessoas que se trataram da doença e hoje vivem muito bem, o câncer é ainda um tabu para mim. Assim, pensar em fazer um exame preventivo nunca foi minha prioridade. Que ignorância!

Em 1997, meu pai faleceu de câncer. Do momento em que teve o diagnóstico até a sua partida foram apenas três meses. Isso só me afastou ainda mais dessa doença. Além disso, no mesmo período, tinha nascido o meu segundo filho.

Mas pouco tempo depois tive a felicidade de conhecer Ilan Gorin, que me ajudou a mudar as minhas concepções um tanto arcaicas e entender melhor os benefícios dos exames preventivos. Ilan é uma pessoa com um ótimo senso de humor, persistente em seus projetos e extremamente dedicado aos amigos – que são bastante numerosos. Além de um grande estudioso da área de planejamento fiscal, é um grande amigo, ético e generoso.

Quando ele me falou da sua idéia de lançar um livro, coordenando um projeto com a participação de médicos e jornalistas, tendo como objetivo divulgar para toda a sociedade a necessidade dos exames preventivos, fiquei impressionado com a sua decisão e a sua disposição. É uma homenagem que Ilan faz ao seu pai. Em um ato de generosidade, divide com os futuros leitores os caminhos a serem seguidos para o êxito do tratamento do câncer, informações a que ele não teve acesso e que poderiam ter salvo a vida de seu pai.

Minha história começa no início de 2005, com a doença aparentemente localizada no sistema digestivo. Ocorria, algumas vezes, um pouco de sangramento nas fezes. Meses depois o sangramento aumentou, embora sem qualquer dor ou desconforto.

Ao consultar um proctologista, foi diagnosticado que eu tinha hemorróidas e um pólipo, localizado a poucos centímetros da região anal. A palavra pólipo não tinha nenhum significado para mim. Entendi que se tratava de um tipo de verruga que fica na parede interna do intestino, com possibilidade de surgirem outras, podendo se tornar cancerígenas.

O proctologista decidiu tratar imediatamente das hemorróidas e, em alguns meses, eu estava curado. A fase seguinte seria a colonoscopia, para verificar a existência de outros pólipos e, se necessário, retirá-los. Fui orientado a fazer esse exame três meses após o final do tratamento.

Não retornei para fazer os exames por não ter entendido que o risco de câncer era real nem a gravidade da doença nessa região. Era grande a minha ignorância sobre a doença e acabei por compará-la ao câncer de pele: nunca tinha ouvido falar de falecimento por esse motivo.

Assim, o tempo foi passando, meu colesterol e triglicerídeos estavam sendo controlados, sem problemas de saúde, sem dores ou desconfortos.

Mas, em outubro de 2006, numa conversa com Ilan a respeito do livro que estava terminando de escrever, ouvi informações importantíssimas sobre o tratamento preventivo do câncer. E, por causa dessa conversa, lembrei-me do exame de colonoscopia que deveria ter feito. Marquei-o então para meados de novembro.

O exame foi feito. Não havia outros pólipos. Mas não foi possível retirar o existente, pois este havia se desenvolvido e se aprofundado. O aspecto visual indicava que era um câncer, confirmado pela biópsia em seguida. Agora era necessário fazer mais exames para conhecer sua extensão.

Nesse momento de incerteza e tristeza, tomei a decisão de enfrentar a doença da forma que estivesse e sem autocomiseração. Tinha projetos para a família e para a empresa, e nada deveria me atrapalhar. Estava disposto a aceitar qualquer tratamento que me levasse à vitória. Eu queria viver (e bem) até os 90 anos e conhecer meus netos.

Em seguida começaram a vir os resultados. O câncer estava localizado apenas no pólipo, considerado ainda em sua fase inicial. Por outro lado, como o pólipo estava muito próximo da região anal, o proctologista informou que uma colostomia definitiva seria necessária. Estava completamente desorientado. Obviamente, o meu objetivo era ficar curado da doença. Por outro lado, não conseguia aceitar uma mudança de vida assim tão rápida. Eu estava bastante chateado com toda a situação. De certa forma, durante as conversas com o médico, me senti como o único responsável pelo desenvolvimento da doença, por não ter feito a colonoscopia.

Diante desse quadro, eu e minha esposa começamos a nos mexer para ouvir outras opiniões médicas. E, mais uma vez, Ilan entrou no circuito, contactando vários especialistas da área. Eu queria ter tempo para decidir o que fazer, mas talvez eu não tivesse tanto tempo para pensar. Nesse ínterim foi marcada uma consulta com o Dr. Antonio Carlos Buzaid, oncologista e diretor do Hospital Sírio-Libanês, em São Paulo.

Ao conhecer o Dr. Buzaid, eu e minha esposa ficamos encantados com a sua segurança, amabilidade e humanismo. As instalações do hospital e os vários equipamentos de radioterapia de última geração nos surpreenderam enormemente. Por último, a informação do Dr. Buzaid e de sua equipe de que a colostomia definitiva não seria necessária fez com que eu e minha esposa decidíssemos iniciar o tratamento com ele imediatamente.

O tratamento consistia em 28 seções de radioterapia, combinadas com quimioterapia. Em seguida, haveria a cirurgia de reentrada de parte do intestino.

A equipe do Dr. Buzaid era composta pelo cirurgião Dr. Eduardo Akaishi e pelo radioterapeuta Dr. Fernando Arruda. Eles formavam uma equipe perfeita. Qualquer dor, mal-estar ou desconforto, eu era atendido prontamente. Todos estavam a par do que estava acontecendo comigo durante o tratamento. Isso sem falar na qualidade do serviço e do atendimento do hospital. Os pacientes são conhecidos pelos seus nomes em todos os setores e tratados com o máximo de atenção: recepção, enfermagem, radioterapia, quimioterapia e demais áreas de apoio.

Iniciei o tratamento de rádio e quimioterapia em 13 de dezembro de 2006, concluindo-o em 23 de janeiro de 2007. Em 03 de março desse mesmo ano foi feita a cirurgia de retirada de um pedaço do intestino. A biópsia do local tratado pela rádio e pela quimioterapia indicava não haver mais nada do câncer. O trabalho da equipe do Dr. Buzaid tinha sido perfeito.

Tenho que agradecer a todos os amigos, familiares e à Noemi, minha companheira de todas as horas (e durante esses meses de tratamento tive muitas horas terríveis). Ao Ilan Gorin devo muito da minha alegria de hoje, pelas orientações e pela indicação do Dr. Buzaid e sua equipe.

A lição aprendida é que exames periódicos, diagnósticos médicos feitos com atenção e equipamentos que possam radiografar o seu corpo inteiro, identificando possíveis tumores ou futuras doenças, são fundamentais para o êxito do tratamento do câncer. Caberá aos médicos e planos de saúde tomarem a iniciativa de adotar os melhores protocolos, já muito debatidos e conhecidos, a serviço da Humanidade.

*"Pertenço ainda a uma geração em que o câncer é associado a uma grande tristeza pelo sofrimento que causa a todos... O câncer é ainda um tabu para mim. Assim, pensar em fazer um exame preventivo nunca foi minha prioridade. Que ignorância!"*

*Alexandre Kaplan*

Arquivo pessoal

*Márcio Vassallo*

# 1. 40 histórias pessoais

*com a participação do jornalista*
*Márcio Vassallo*

Leandro Aversa / Agência O Globo

*Patrícia Pillar*

# *Patrícia Pillar, atriz*

Minha história começou assim: um dia, fazendo um auto-exame nada minucioso durante o banho, senti que havia alguma coisa errada. Pouco tempo antes, eu tinha acabado de fazer uma mamografia anual de rotina, que não tinha acusado nada. Então, corri para o meu ginecologista e ele mandou que eu fizesse uma nova mamografia. E, mais uma vez, não deu nada no exame. O médico então me pediu um exame de ultra-som. Afinal, realmente havia alguma coisa errada no meu seio, e era palpável. Fiz o ultra-som no mesmo local onde fora feita a mamografia, e aí apareceu o tumor. Depois, fiquei sabendo que 10% dos casos de câncer não são detectados na mamografia, mesmo quando já são palpáveis.

Até chegar ao médico e ter conhecimento do que eu tinha realmente foi o pior momento para mim. Porque, quando soube que era câncer, eu já imaginava o tamanho do problema que ia enfrentar. Não saber o que era, em que estágio estava, me angustiou mais do que quando soube que era câncer. Quando não sabemos o que temos, o problema se torna infinito. O desconhecido, nesse caso, é mesmo a pior coisa.

Em meio a tudo isso, tive muito apoio do meu marido, do meu pai, da minha mãe, da minha irmã, das pessoas que trabalham aqui na minha casa, da minha empresária e amiga Jaquie, dos meus amigos, enfim, de todos aqueles mais próximos. Esse apoio facilitou bastante as coisas para mim. Há muitos maridos que abandonam as mulheres numa situação dessas porque não suportam encarar esse problema. Do mesmo modo que não suportam quando a mulher tem um filho. Às vezes, não é nem por falta de amor que um homem abandona sua mulher, é mesmo por falta de estrutura emocional, por incapacidade de lidar com a situação. Nesse aspecto há o abandono de quem sai de casa e vai embora, e há o abandono de quem, sem sair de casa, não dá apoio algum.

Também, no meio disso tudo, eu tinha medo de morrer, claro. Tinha medo de ter que enfrentar uma metástase, medo de mutilação, medo do que eu poderia ter com que lidar, medo da dor e do sofrimento que essa cirurgia poderia causar às pessoas que me amam. Mas, ao longo da doença, recebi uma sucessão de boas notícias, até superá-la, sem seqüelas.

Nesse sentido, a minha postura foi sempre a de fazer o que precisava ser feito, assim, desse modo mesmo: imediatamente, vamos lá, sem adiar nada, encarando tudo. Quando eu precisava fazer alguma coisa, já estava logo fazendo. Dessa forma, fiz as sessões de quimioterapia e depois as de radioterapia. O médico me disse que eu era muito jovem, que ainda não tinha chegado à menopausa e que por isso valia a pena me proteger de todas as formas possíveis.

A explicação que o médico me deu foi a seguinte: com a retirada do tumor, deixando as margens em volta da região livres dele, 70% das pessoas estariam curadas. Mas, como os médicos ainda não têm como reconhecer esse número de pessoas, eles precisam tratar todos os pacientes com todos os cuidados necessários, como se todos fossem os 30% restantes. Felizmente, nesse sentido, os estudos e as descobertas estão cada vez mais avançados.

Dessa história, eu constato que toda a vivência aprofunda nosso conhecimento em relação ao ser humano. E o ser humano é o meu material de estudo. As pessoas se mostram mais na fragilidade do que na força. Quando alguém está superbem, quando está mandando ver, está cheio de trabalho, fazendo sucesso na vida profissional e na vida pessoal, é muito mais difícil que você consiga ver quem realmente é essa pessoa do que na hora em que ela está mais fragilizada. Quando nos sentimos impotentes em relação a certas situações, pode ser muito enriquecedor. Então, para mim, essa foi uma vivência muito importante. Essa experiência me ajudou a ver as coisas com um pouco mais de humildade, um pouco mais de profundidade.

Enfim, acho que depois de tudo isso talvez eu tenha ficado um pouco mais sensível, perca menos tempo com bobagens e priorize mais as coisas que são realmente importantes na minha vida, sem exigir muito de mim. Hoje em dia eu sofro menos com isso. É claro que continuo muito exigente comigo mesma, mas não sofro tanto quando não consigo fazer alguma coisa da forma como tinha imaginado, do modo como havia planejado. Nesse aspecto, o que me ajudou muito foi aprofundar as minhas relações com as pessoas que amo, sem esperar tanto para conversar sobre o que tiver vontade, com menos jogo, com menos preocupações nesse sentido. E acho mesmo que foi a minha fragilidade que me aproximou ainda mais desse sentimento. Acho que é na fragilidade que as pessoas se encontram.

É claro que temos que ser muito fortes para enfrentar determinadas situações na vida. Mas acho também que é bom aceitar a própria fragilidade. Outra coisa:

nunca senti que estava sendo injustiçada, nunca me perguntei por que aquilo estava acontecendo comigo, nunca me senti traída ou punida pelo destino.

O que eu diria para quem acabou de receber a notícia de que está com câncer? Olha, acho que nós somos mais fortes do que imaginamos. Mas não descobrimos essa força ouvindo outras pessoas. Na realidade, são algumas situações que nos mostram essa força. Na hora eu não pensava em quanto estava sendo forte. Ainda hoje, penso que agi realmente mais por instinto de sobrevivência. Não acho que sou exemplo de coragem, não acho que sou exemplo de nada. O que me ajudou, de fato, foi não lutar com os meus sentimentos e viver cada momento. Então, se estava triste, chateada e com medo, eu vivia aquilo, sem minimizar nada. E, quando tudo passou, não fiquei com nada represado. Não fiquei guardando os meus sentimentos para um dia desabar.

Nesse sentido, mais do que tudo, o Ciro, meu marido, foi maravilhoso comigo. O diagnóstico foi em janeiro de 2002, ano em que Ciro era candidato a presidente. Ele foi muito dedicado, ficou comigo direto. Enquanto estava fazendo quimioterapia, resolvi produzir o livro dele. Passava noites relendo artigos, bolando um formato para o livro, procurando a editora ideal, pensando em quem iria entrevistá-lo e tudo o mais. E eu não resolvi fazer o livro para não pensar na doença. Decidi produzir o livro, que foi lançado com o título *Um desafio chamado Brasil*, porque achava que os artigos dele eram um retrato vivo da história recente do nosso país e que deveriam estar disponíveis em livro, mas acabou que o projeto me fez muito bem, me manteve ocupada e com um objetivo. Isso ocupou todo o período da quimioterapia.

Das lembranças que tenho me vêm à cabeça algumas. O que mais me fazia sofrer era ver o sofrimento das pessoas que gostavam de mim. Isso me doía mais do que tudo. Ver o meu pai, por exemplo, se perguntando por que aquilo não tinha acontecido com ele era muito difícil pra mim. Ao mesmo tempo me lembro de um acesso de riso que tive com o Ciro, no hospital. A gente ria, ria, ria muito, sem parar, não me lembro por qual motivo, no meio daquele momento tão difícil. Dentre esses momentos, lembro-me também do dia em que caiu o meu cabelo. Quando soube que ele ia cair, por causa da quimioterapia, eu o cortei bem curtinho, porque o meu cabelo estava muito grande. Ele já estava meio duro; antes de cair ele endurece um pouco. Então, fui ao sambódromo com um cocar que me deram em Parintins, no Amazonas. E eu, que sou superdiscreta, achei tão bonito aquele cocar que fui para o carnaval com ele.

Na volta da festa, em casa, quando tirei o cocar, já tinha uma lista na minha cabeça, já ficara um pouco careca. Assustada, eu fui tomar banho, e o cabelo caiu praticamente todo. Aí o susto aumentou. Na hora sobram uns tufos na cabeça, é horrível. Por mais que esperasse por isso, foi muito ruim. Mas depois superei. E foi bom eu ter precisado sair. Eu não suportaria ficar escondida em casa. Eu não tinha cometido nenhum crime para me esconder. Achei que podia ajudar as pessoas a enfrentar a doença. Era como se eu dissesse: "Olha, eu tive câncer mesmo e estou aqui, lutando contra ele." Queria mostrar que fui ajudada por muitos médicos e muitas máquinas que muita gente, infelizmente, não tem à sua disposição. Queria também passar para as pessoas que a informação é fundamental para diagnosticar o câncer precocemente, o quanto antes melhor. E realmente eu não ia agüentar sair por aí de peruca. Saí careca mesmo, dei entrevista assim. Mas esse simplesmente é o meu jeito. Por outro lado, eu entendo, de fato entendo, quem põe uma peruca numa situação dessas, porque ter que lidar com algumas coisas é infernal mesmo.

Cansei de sair de casa, por exemplo, para ir me tratar, na época, e encontrar, na frente do meu prédio, um bando de carros de jornais e revistas, na minha porta, para me seguir até o médico. Muitas pessoas não têm limite. Então, eu compreendo quem se esconde de tudo isso. Mas eu preferi enfrentar o problema. Um dia perguntei a uma moça, uma repórter que estava me seguindo: "Você não tem vergonha de seguir as pessoas? Seu pai sabe que tipo de trabalho você anda fazendo? É isso que realmente tem vontade de fazer na vida?" E disse a ela também: "Eu sei que o culpado é o seu chefe, mas é você que está aqui agora, e você tem a sua responsabilidade." Sei que muita gente tem poucas opções de trabalho e acaba aceitando o que os seus chefes pedem. Mas acho que as pessoas precisam se posicionar. Nesse sentido, a formação que você recebe da sua família é muito importante. Há alguns valores dos quais a gente não pode, ou pelo menos não deveria, abrir mão. E acho mesmo que, para crescermos como indivíduos e como sociedade, temos que nos tornar leitores críticos. Aceitar a informação como ela vem, de forma passiva, sem interpretá-la, nos transforma em meros instrumentos.

O fato é que eu mudei um pouco. Não fazia exercícios, mas passei a fazer. Melhorei a minha alimentação, como menos frituras, mas não sou neurótica com isso não. E eu fumava muito, mas é claro que parei. Depois, quando tudo passa, apesar das mudanças, muitas coisas voltam a ser como eram. Não fico mais pensando na doença. E uma das coisas que me ajudam muito nesse aspecto é não falar mais sobre essa experiência. Este depoimento aqui é uma situação realmente muito especial. Acho que faz parte do tratamento não passar a vida pensando no que aconteceu e falando disso. Assim, tudo o que tinha para falar sobre esse assunto eu já falei. Dei essa minha missão realmente por cumprida.

Carlos Ivan / Agência O Globo

*Herson Capri*

# *Herson Capri, ator*

Descobri que estava com câncer depois de fazer uma radiografia do tórax. Não sentia nenhuma dor nem suspeitava de nada. Eu ia fazer uma lipoaspiração no abdômen para interpretar Jesus Cristo em Nova Jerusalém, um personagem muito mais magro do que eu, e nos exames pré-operatórios a minha mulher, que é médica, fez questão que eu fizesse também uma radiografia dos pulmões. O cirurgião plástico, na época, não pediu esse exame, mas minha mulher insistiu para que eu o fizesse. E aconteceu comigo o que os médicos chamam de "um achado", isto é, a descoberta de um tumor maligno sem que houvesse nenhum sintoma dele.

A radiografia mostrou um nódulo já grande. Há muitos anos que eu não fazia raio-x do tórax. Uma coisa que eu sempre falo, principalmente para quem fuma ou para quem foi fumante, é que a prevenção é o melhor remédio para o câncer. Fazer exames periódicos é muito importante. Se eu os tivesse feito regularmente, teria achado esse nódulo enquanto ele estava pequeno. Mais uns meses e eu teria morrido. O nódulo estava muito próximo de colar nas paredes do tórax e no coração. Se ele colasse, em um ou em outro órgão, eu não estaria mais aqui.

Depois da descoberta, fiz tomografia para detalhar tudo. O meu médico de São Paulo, o pneumologista Carlos Carvalho, resolveu me encaminhar para a cirurgia imediatamente. O cirurgião torácico, Dr. Fábio Jatene, extraiu o lobo superior do meu pulmão esquerdo. Isso significa que ele ficou pela metade. No entanto, a parte restante se expandiu e tomou o espaço vazio deixado pela retirada da parte afetada. Quer dizer, eu não tenho um espaço vazio, o que eu tenho é uma metade do pulmão esquerdo expandida e a cavidade torácica totalmente preenchida.

Apesar de ter sido muito dolorido, o pós-operatório foi um sucesso. Um mês depois da cirurgia, eu estava interpretando Jesus. Tive que fazer fisioterapia, mas me recuperei muito bem. Sou capaz de dar uma volta na lagoa Rodrigo de Freitas correndo, sem problemas. A minha saúde está muito boa. Corro, jogo futebol, nado, pratico várias atividades físicas.

Tenho percebido que a quimioterapia e a radioterapia estão cada vez mais avançadas. Fico impressionado com os resultados positivos que tenho visto em várias pessoas. Um colega de trabalho, ator como eu, por exemplo, teve câncer de pulmão e o curou só com químio e rádio, sem cirurgia.

Eu costumo fazer uma certa propaganda a favor da prevenção. Não quero dar conselhos a ninguém, mas, da mesma forma que um exame salvou a minha vida, outros exames podem salvar a vida de muita gente. Só que no Brasil nós temos um poder aquisitivo tão baixo que é difícil pensar em prevenção para a maioria das pessoas. Elas quase nunca têm dinheiro para fazer os exames preventivos. Em geral, só descobrem que estão com câncer quando aparece algum sintoma e aí, geralmente, é tarde demais.

E também, às vezes, temos a noção errada de que as coisas ruins não vão acontecer conosco, só com os outros, principalmente quando somos jovens e estamos cheios de coragem e de energia. É quando nos sentimos fortes e abusamos, levamos uma vida desregrada, nos alimentamos mal, bebemos, fumamos, enfim, cometemos todos os pecados da juventude. Se houver exageros, haverá um preço a pagar.

Eu fumei durante muito tempo, dos 12 aos 43 anos. Parei em 1993 e descobri o câncer em 1999. Pelas características e pelo tamanho do meu tumor, ele se formou ainda na época em que eu fumava. Um câncer não pára de evoluir só porque a pessoa parou de fumar ou porque sua vida ficou melhor.

O que mudou na minha vida e na minha maneira de encarar as coisas, depois da cirurgia, é que eu sou uma pessoa mais feliz. É claro que isso também se deve a outros componentes, como a maturidade, o casamento bem-sucedido, filhos amados, etc. Mas, sem dúvida, a descoberta daquele nódulo foi um marco na minha vida. Eu descobri, por exemplo, que nenhum investimento é melhor do que viajar. Acho que viajar traz um retorno muito maior do que investir em apartamentos, carros, coisas desse tipo. Também fiquei mais tolerante, mais bem-humorado, com mais alegria de viver e menos apegado às coisas materiais.

*"Fazer exames periódicos é muito importante. Se eu os tivesse feito regularmente, teria achado esse nódulo enquanto ele estava pequeno. Mais uns meses e eu teria morrido."*

*Herson Capri*

Arquivo pessoal

*Giba com sua esposa e sua filha*

## *Giba, jogador da seleção brasileira de vôlei*

Um dia, quando eu tinha seis meses de idade, minha mãe estava trocando minha fralda e reparou que havia sangue nas fezes. Além disso, eu estava meio para baixo, sem ânimo para nada. Preocupada, ela me levou ao médico para ver o que era. Eles fizeram uma bateria de exames. E, quando foi constatada a leucemia, eles me internaram e passei uns dois ou três meses no hospital. O curioso é que ninguém contou nada para minha mãe, nem os próprios médicos. Ela só ficou sabendo quando eu fiquei bom. Para ela, disseram que eu tinha uma insuficiência de ferro.

Eu estava com um ano e dois meses quando comprovaram que eu não tinha mais nada. Então minha mãe me levou a um dos médicos que havia me atendido para uma consulta. Ele e outros médicos haviam dito que eu só andaria com três anos e só falaria com quatro anos e meio, mais ou menos. No consultório, o médico exclamou, impressionado, diante da minha mãe: "Nossa, esse menino, que tinha leucemia, mal se curou e já está andando." Ele ficou tão assustado de me ver andando que se esqueceu de que minha mãe não sabia e falou sem querer. Quando ficou sabendo de tudo, minha mãe desmaiou e caiu com o rosto em cima da mesa dele. Depois que se recuperou, aí, sim, ela finalmente viu todos os exames e soube de todos os detalhes do que realmente tinha acontecido.

Não contar para minha mãe foi uma decisão da família, lá em Londrina, e na época os médicos apoiaram. O fato é que nasci com cinco quilos, e minha mãe – que era muito magrinha, tinha uns 60 quilos – engordou muito, chegando a uns 87 quilos. Foi um absurdo o que ela sofreu com aquela gravidez. Ela teve depressão pós-parto. Ninguém gosta muito de falar sobre isso lá em casa. Mas acho mesmo que não contaram sobre a doença para que ela não sofresse ainda mais, num momento em que já estava tão fragilizada.

A minha experiência foi um pouco diferente. De fato, sei das coisas a partir do que me contam e dos exames que me lembro de fazer. Na época do primeiro diagnóstico, eu tinha seis meses de vida. Fiquei curado com um ano e dois meses de idade, e fiz exames de sangue de mês em mês, até os quatro anos. Tirava sangue do pescoço. Aquela rotina fazia parte da minha vida, mas era uma coisa meio traumática. Até hoje faço exame de seis em seis meses.

Também por conta da minha profissão. Assim como todos os outros jogadores, faço sempre uma bateria geral de exames.

Acho que ainda há pouquíssima informação no Brasil sobre a leucemia, sobre a busca de diagnóstico, sobre saber mais a respeito do assunto. Precisamos evoluir muito em relação à doação de medula óssea, por exemplo. Muitas pessoas ainda acham que vão tirar um pedaço delas. Nesse sentido, o Brasil realmente ainda não tem uma cultura forte, infelizmente. Apenas uma medula é compatível dentre um milhão de possibilidades. E, num país de 190 milhões de habitantes, se uns 100 milhões fizessem a doação, já aumentariam bastante as chances de cura de muita gente.

Por isso, ter informação é fundamental. E, apesar de a leucemia ser o câncer no sangue, acho que ela e o câncer, efetivamente, são diferentes. Se você não tiver um diagnóstico a tempo, o tumor vai te comendo por dentro, feito um bicho, e tende a migrar para o sangue. A leucemia, por mais que enfraqueça a pessoa, hoje em dia é muito mais curável. As chances hoje são muito maiores. As condições de tratamento, mesmo para pessoas carentes, estão de fato bem melhores.

Nesse aspecto, a todo momento me encontro com crianças que estão se curando, que estão superando a leucemia. Outro dia, estive em São Leopoldo, no Rio Grande do Sul, jogando a Copa América pela seleção, e conheci um menino que teve a doença. Ele estava com quatro, cinco anos e tinha recebido o primeiro diagnóstico aos dois anos de idade. E, olha que coisa, o menino me contou que, desde que descobriu que estava doente, dizia para a mãe: "Você sempre me falou que o Giba venceu, então eu também vou vencer."

Sempre que posso, visito hospitais para conversar com as crianças. Da mesma forma, uma vez, em São Paulo, conheci um menino, de 11 anos, que estava muito agressivo e desesperado, recusando-se a fazer as sessões de quimioterapia, dizendo que aquilo tudo doía muito. Cheguei lá e também encontrei a mãe dele desesperada. Então, conversei muito com os dois. Aí a mãe foi se acalmando e conseguiu tranqüilizar o filho. Pode ser a coisa mais difícil do mundo, mas muitas vezes são os pais que precisam manter o controle para poder passar calma e segurança aos filhos que estão doentes. Depois de uma experiência dessas, eu saio dali, vou tomar um banho e, no chuveiro, começo a chorar.

Tudo isso me emociona de verdade. Ser um exemplo para outras pessoas, poder ajudar os outros, de fato, é uma emoção muito grande. E eu acho que nós perdemos muito do nosso eu interior. Vivemos muito em função de várias coisas externas. Não pensamos muito na nossa essência, não pensamos nos outros.

Já foi comprovado que a força da mente move montanhas. Acho que 50% das coisas que nos acontecem, tanto as ruins quanto as boas, são provocadas pela nossa cabeça. É como aqueles astronautas que, quando souberam que havia o perigo de não conseguirem voltar à Terra, todos eles completamente saudáveis e sem nenhum pequeno vírus por perto, dentro da espaçonave totalmente imunizada, começaram a ficar gripados, adoeceram, o que seria impossível, porque estavam ali, em tese, totalmente protegidos. Então, acho que o ser humano é negativo por natureza. É muito mais fácil ser negativo, pôr a culpa nos outros ou em si mesmo. Leva anos para você construir uma casa, um lar, mas para derrubar toda essa estrutura às vezes basta colocar mal um tijolinho. Afinal, ser negativo não requer nenhum esforço.

Mas acho que, no final das contas, a melhor coisa do mundo é a prevenção.

Da vida para a quadra, e da quadra para a vida, nós não podemos desistir nunca. Todos os dias, antes de dormir, eu rezo para que Deus dê muita saúde à minha filha.

Um dia, quando tinha 11 anos de idade, eu caí de uma árvore e levei 150 pontos no braço. Na época, eu já jogava vôlei numa escolinha. O galho passou a uns cinco centímetros da minha cabeça.

Há sempre uma força maior do que a gente nos inspirando para que possamos lutar, sem desistir nunca.

Arquivo pessoal

*Maria Elizabeth Diogo Ritto e Lucia Ritto*

## *Lucia Ritto, jornalista*

### *por sua irmã Maria Elizabeth Diogo Ritto, professora de inglês*

Minha irmã descobriu que estava com câncer por acaso, como quase todo mundo. Ela estava se submetendo a uma série de exames, por recomendação do seu ginecologista, para fazer reposição hormonal. Então, não este médico, mas a médica da família, que já cuidava da Lucia há um bom tempo, percebeu que no exame de sangue havia alguma coisa diferente que precisava ser checada.

Assim, durante essa checagem, eles chegaram ao intestino e lá já havia um tumor de uns cinco centímetros. Foi um susto horrível para ela e para todos da família. A indicação era a cirurgia imediata. E o mais incrível é que minha irmã nunca havia apresentado nenhum sintoma de problema no intestino, absolutamente nada.

Quando o cirurgião foi remover o tumor no intestino, descobriu que já existia metástase no fígado. Aí a solução era operar. A cirurgia foi bem-sucedida, porém o tumor não pôde ser retirado totalmente e, após seis meses, ela deveria se submeter a outra cirurgia.

Então, ela começou a fazer quimioterapia, encarando com muita dificuldade as idas e vindas a um centro especializado, em Copacabana, e aprendendo a lidar com todos os remédios que precisava tomar para aliviar dores e enjôos. Além disso, a queda do cabelo e a mudança da cor de sua pele também foram difíceis de aceitar. Lucia não pôde ser operada novamente porque a quimioterapia não auxiliou na diminuição das metástases.

Ela morreu em 2003. Após o diagnóstico, a Lucia resistiu por um ano e meio, mais ou menos. O fígado é um órgão vital, então é sempre um processo mais galopante.

Acho muito importante fazermos todos os exames disponíveis para detectarmos o câncer o mais cedo possível, porque, se o descobrirmos no estágio inicial, se evitarmos a metástase, temos muitas chances de sobreviver.

Tenho um histórico de câncer na família. Minha irmã faleceu de câncer, meus avós maternos também. Meu avô teve câncer no estômago, e minha avó, de mama. Então, por isso, já fiz duas biópsias na mama esquerda. Apesar de não ter um tumor, existem muitas calcificações e, devido ao histórico familiar, preciso fazer mamografias de seis em seis meses e colonoscopia a cada dois anos.

Arquivo pessoal

*Ilana Spector e Julio Spector*

# *Julio Spector, executivo*

*por sua esposa Ilana Spector, psicóloga*

Era um sábado, em dezembro de 1996. O dia do terremoto em nossa vida. Fomos comunicados que meu marido, Julio Spector, com 42 anos à época, tinha câncer no cérebro. O sintoma era dor de cabeça. Quem não tem dor de cabeça? Havia alguns lapsos de memória que só eu notava, mas que me espantavam, me incomodavam e me levaram a insistir para que ele fosse examinado por seu irmão, Nelson Spector, hematologista e clínico brilhante, que fez o diagnóstico muito rapidamente.

A partir daí foram quatro cirurgias, radioterapia e seis tipos diferentes de quimioterapia. Muitos exames, muitos enjôos, muitos efeitos colaterais.

Mas também muita amizade. Muito amor. Muita dedicação. Enfrentamos a doença de peito aberto. Todos juntos. Paciente, médicos, família, amigos, patrões e companheiros de trabalho. Ninguém se afastou de nós. E nós não nos afastamos de ninguém. Todos ficaram unidos. Recebemos muito carinho e acolhimento em todas as horas, de várias maneiras, e isso foi muito importante. Vencemos várias lutas durante a sobrevida de três anos, um tempo longo para aquele tipo de tumor.

Vivemos bem. Fizemos uma linda festa de bar mitzvah para um dos nossos filhos. Viajamos, passeamos, fomos ao clube, à praia, a cinemas, teatros, shows, restaurantes com grande freqüência e muitas vezes com bastante disposição e alegria, contando piadas aos amigos ou detalhes do tratamento. Em outras ocasiões, com muita dificuldade, já em cadeira de rodas e sem poder cortar a comida sozinho ou falar direito. Mas não deixávamos de ir. E sempre tínhamos ótima companhia. A consciência de que fizemos todo o possível em termos médicos, humanos e emocionais nos acalenta um pouco.

Perdemos a batalha final. Infelizmente tivemos que nos render aos limites da Medicina.

Ele se foi da maneira mais bonita possível. Em nossa casa, após um dia cheio de visitas de pessoas queridas, com nossos filhos um pouco antes a sua volta, tocando violão e cantando as músicas de que ele mais gostava. Aprendemos a lidar com nossa enorme perda internalizando a memória de momentos tão bons. Preservando seu pensamento positivo. Lembrando-nos do seu sorriso largo e do brilho no seu olhar. De sua coragem e determinação para lidar com todas as situações. De sua franqueza e fé. De seu coração aberto. A tristeza é muitas vezes inevitável. Mas sabemos transformá-la em uma doce saudade, que nos abençoa, nos energiza e nos dá força para irmos adiante. Com firmeza e otimismo. Sabendo aproveitar e celebrar a vida, como ele fez, como ele faria. Como ele faz de alguma maneira dentro de cada um de nós que convivemos com ele.

*"O valor das coisas não está no tempo que elas duram, mas na intensidade com que acontecem. Por isso existem momentos inesquecíveis, coisas inexplicáveis e pessoas incomparáveis."*

*Fernando Pessoa*

*"Enfrentamos a doença de peito aberto. Todos juntos. Paciente, médicos, família, amigos, patrões e companheiros de trabalho. Ninguém se afastou de nós. E nós não nos afastamos de ninguém."*

*Ilana Spector*

Arquivo pessoal

*Lucinha Araújo*

# *Lucinha Araújo,*
## *criadora e diretora da Sociedade Viva Cazuza*

A prevenção é fundamental e nunca deixei de me cuidar e fazer todos os procedimentos preventivos, mas não sou obcecada por ela. Um dia fui fazer uma mamografia de rotina, junto com todos os exames ginecológicos de costume, e o médico pediu para repetir o procedimento porque estava vendo um espessamento numa das mamas. Fiquei meio assustada, mas repetimos o exame. E ele me disse: "Vamos fazer uma ultra-sonografia da mama. É que eu estou vendo mesmo uma coisinha e quero me certificar." Isso me assustou ainda mais, porque a ultra-sonografia não estava no meu pedido. Aí apareceu na ultra o mesmo espessamento que havia aparecido na mamografia digital e o médico me sugeriu: "Vamos fazer uma biópsia, para a gente tirar essa dúvida da cabeça?"

Dois dias depois, fiz a biópsia. Eles cortaram e retiraram o material para análise. Uma semana depois, ele me ligou e disse: "Olha, Lucinha, eu tenho duas notícias, uma ruim e a outra boa." Eu pedi: "Dá a ruim logo de uma vez." E ele me revelou que eu estava mesmo com um tumor maligno na mama. A boa notícia era que esse tumor estava no começo, muito precoce. Apesar disso, meu mundo caiu, como diria a Maysa Matarazzo. E eu pensava: "Puxa, já passei por tanta coisa na vida! Só faltava isso." Eu sempre quis ter muitos filhos e só consegui ter um. Fiz os tratamentos mais dolorosos do mundo para ter mais filhos e não consegui. Depois, perdi o Cazuza. E ainda tinha alguma coisa de ruim reservada para mim que eu não sabia? Depois me lembrei de como meu filho tinha sido tão corajoso, tão valente, e vi que eu não podia ser diferente dele numa hora daquelas. Foi aí que dei ainda mais valor ao Cazuza. E eu não tinha 28 anos, a idade em que ele descobriu que estava com Aids – eu tinha sessenta e tantos anos! Além disso, a Aids, até hoje, é uma doença sem cura, é uma doença mortal.

O câncer muitas vezes tem cura, certo? Na minha família não há nenhum caso de câncer. Fui a primeira. O meu caso foi único e vai morrer comigo, se Deus quiser. As mulheres da minha família, em geral, morreram jovens e de enfarte. Existe uma corrente que diz que o câncer é causado na maioria das vezes pela tristeza da pessoa. De fato, eu tenho todos os motivos para isso. Não sou de ficar curtindo o sofrimento, chorando, me descabelando. Vou logo à luta para buscar alguma coisa que me deixe feliz. Ter criado a Sociedade Viva Cazuza, há 15 anos, por exemplo, foi uma iniciativa que me deixou muito feliz, uma coisa que me segurou durante todo esse tempo.

Mas, de volta à minha história, fui àquele ginecologista que havia me pedido a mamografia digital acompanhada da minha médica clínica, também especialista em Aids. Ela trabalha comigo, atendendo as crianças, desde que eu fundei a Sociedade Viva Cazuza. O ginecologista me disse que eu precisava ser operada. Depois de conversar com a médica clínica e com meu marido, resolvi fazer a cirurgia com um oncologista.

Após a cirurgia, consultei uma oncologista clínica para fazer o acompanhamento. Foi quando descobri que não ia precisar fazer quimioterapia, só radioterapia, e há quatro anos estou tomando um remédio que consumirei por mais um ano.

Uns dois meses depois fiquei anêmica e, freqüentemente, ainda fico. Também engordei por causa desse tratamento. Isso foi desagradável, mas, paciência, é melhor engordar do que morrer. Os médicos dizem que isso não tem nada a ver, que eu não engordei por causa da radioterapia, mas esse é um sentimento que eu tenho. Estava fazendo exames de três em três meses, mas agora, também por orientação do meu médico, claro, passei a fazer de seis em seis meses. Também faço fisioterapia até hoje, para manter os meus movimentos. O meu seio ficou direitinho.

Acho que o diagnóstico precoce de câncer é fundamental, o auto-exame é ótimo, mas não substitui os exames clínicos. É claro que o auto-exame pode salvar a vida de uma pessoa, pode adiantar em alguns casos. Eu sei que a maioria das pessoas no Brasil não tem acesso a exames mais sofisticados, mas só o auto-exame, de fato, não é suficiente para a prevenção do câncer de mama.

O fato é que a palavra câncer ainda é assustadora para muita gente. Quando revelei em público que estava com câncer de mama, todos ficaram estarrecidos. Só que, em vez de ficar estarrecido, paralisado e apavorado, o melhor que você faz é buscar um diagnóstico precoce.

As pessoas têm muito medo de tudo o que vem junto com o diagnóstico, de tudo o que vão ter de enfrentar, por isso tanta gente tem medo de buscá-lo. Mas a diferença entre a Aids e o câncer é que você só pega Aids se não se cuidar, se não usar camisinha, se não usar seringa descartável – a não ser que você seja surpreendido por uma transfusão de sangue contaminado, o que raramente acontece hoje em dia. Por outro lado, o câncer, por mais que você se previna, por mais que você faça tudo quanto é exame, mesmo assim pode aparecer. Por isso, quanto mais cedo você descobrir, melhor. E, para quem ainda está na dúvida de buscar um diagnóstico, eu digo que quanto mais tarde você souber, pior. Nada é pior do que a dúvida!

Luciana Leal / Agência O Globo

*Antônio Callado e Anna Arruda Callado*

## *Antônio Callado*, *escritor*

*por sua esposa* *Anna Arruda Callado*, *jornalista*

A notícia de que seu marido tem um câncer, quando você está vivendo muito feliz ao lado dele, é como uma violenta paulada na cabeça. Fiquei zonza, arrasada, e pensei: "Como ele vai reagir?" Porque o médico me ligou, dando o resultado positivo – quer dizer, negativíssimo – da biópsia, e marcou uma consulta para então comunicar a ele. Fiquei duplamente em pânico por ter que fingir para Callado, por dois dias, que não sabia de nada, e por saber que ele nem sonhava com essa ameaça, já que se sentia muito bem.

Ele falou da biópsia que havia sido pedida com a maior tranqüilidade, acreditando firmemente que era algo de rotina. A reação dele ao comunicado do médico foi de estarrecimento: "Como? Então não há sintoma algum? Tem certeza?" Com o decorrer da conversa, das explicações do médico, veio outro sentimento, comum, acredito, entre os homens: o medo da impotência.

Voltamos para casa sem dar uma palavra, eu apenas apertando o braço dele com mais força, demonstrando meu apoio. Era o ano de 1984, e eu estava me preparando para fazer o concurso para professor da Universidade Federal do Rio de Janeiro. Pensei: "Não dá, vou desistir de concorrer. Não vou conseguir pensar em outra coisa, me concentrar em nada que não seja ajudar meu marido a suportar o que virá."

Passado o choque, Callado teve uma reação típica dele. Racionalizou logo, pensando que outro médico consultar, para escolher que tratamento faria. Quando eu disse que não ia mais fazer o concurso – a primeira prova estava marcada para dali a dois dias –, ele reagiu com firmeza: "Não faça isso! Daqui a algum tempo, você não vai se perdoar, nem a mim, por perder essa oportunidade."

Antonio achava – e concordo com ele – que falar de suas mazelas, particularmente de suas doenças, era uma coisa pouco educada, grosseira mesmo. Era um homem reservado em tudo. Cuidava da saúde, andava todo dia, gostava de nadar e ia ao médico regularmente. Daí o espanto com que recebeu a notícia de que tinha um tumor canceroso. Quando iniciou o tratamento, só as pessoas mais íntimas sabiam. A primeira batalha foi resolver o que fazer. Amigos médicos nos recomendaram uma operação nos Estados Unidos que era então novidade: o implante de iodo radioativo dentro do tumor; uma espécie de radioterapia de dentro para fora. Fomos para o Memorial Hospital de Nova York – com uma ajuda providencial de Sergio Lacerda, da Nova Fronteira – e ele se operou com o Dr. Whitmore. Foi um sucesso! Durante cinco anos, monitorado, ele ficou "limpo". Mas, em 1989, o tumor voltou, feroz. O sintoma foi uma inchação dos pés, ou melhor, das pernas, particularmente na região do tornozelo. Então foi necessária a chamada operação radical. Que é um horror total. Mas agüentamos firmes, inclusive o longo período de radioterapia e de sucessivas transfusões de sangue, quando a metástase ia se espalhando pelos ossos. Dia a dia ele ficava um pouco mais fraco, mais magro, mas sempre sem alardear nada.

Nesse tempo, nosso amigo Darcy Ribeiro também piorava, mas, ao contrário de Callado, falava o tempo todo de seu câncer no pulmão e até da metástase óssea que também o acometera. O que fez Antonio mencionar sua doença foi o anúncio de que um dos poetas da *beat generation*, e apologista das drogas (esqueci o nome), que estava morrendo de câncer, tinha pedido que a televisão mostrasse ao vivo sua morte. Aí ele perdeu a calma e escreveu um artigo que começava assim: "Não acho graça no meu câncer, como Darcy Ribeiro e fulaninho." Enfim, resolveu falar, um tanto irritado com a exposição dos outros. Mas eu achei bom, achei que aquilo ia libertá-lo um pouco da dor que ele suportava em silêncio.

É terrível ver alguém que você ama, e muito, definhando. Porque é isso que essa terrível doença faz com as pessoas, vai corroendo por dentro, sugando as carnes e a energia. Quando os ossos foram afetados e aquele homem tão cheio de vida deixou de poder andar no calçadão da praia, de cair no mar, o sofrimento para nós foi terrível. Mas não falávamos disso. Íamos nos adaptando à medida do possível, eu tomando providências, como contratar um motorista, por exemplo, para que ele pudesse continuar a freqüentar a Academia Brasileira de Letras, o Conselho de Cultura, enfim, continuar sua vida cultural e social, e ele se esmerando no vestir, disfarçando a fraqueza física para os não muito íntimos.

O pior foi quando a dificuldade de escrever se manifestou. Chorei muito no dia em que ele, muito aflito, me disse: "Não dá para acabar o artigo, não dá." Porque aí nós dois sabíamos que era o fim. E nossa única defesa foi a inteira solidariedade, o crescimento do afeto e da união entre nós. Tivemos também o apoio dos filhos dele, Tessy e Paulo, mas, na realidade, os últimos dois meses foram os de maior amor, porque eram de despedida, entre nós.

---

*"Antonio achava – e concordo com ele – que falar de suas mazelas, particularmente de suas doenças, era uma coisa pouco educada, grosseira mesmo. Era um homem reservado em tudo."*

*Anna Arruda Callado*

---

Arquivo pessoal

*Duda*

## *Duda, cantora*

Quando descobri que estava com câncer, fiz-me uma pergunta que acho que muita gente se faz: "Por que isso está acontecendo comigo? Não tenho nenhum caso de câncer na família, não tenho vícios, não fiz nada para ter câncer." Então, comecei a dar várias entrevistas e participar de vários programas de televisão, falando sobre o assunto, e isso foi ótimo, porque passei a me informar mais sobre essa doença e também a conhecer pessoas maravilhosas que enfrentaram situações mil vezes piores do que a minha. Essas pessoas me passaram coisas muito boas, e eu também para elas.

Fiquei sabendo da minha doença no começo de março de 2004 e terminei o tratamento no dia 25 de novembro do mesmo ano. Na época, eu tinha 24 anos. No total, fiz 12 sessões de quimioterapia e 45 de radioterapia. Tive um câncer chamado linfoma de Hodgkin, que estava entre o meu pulmão esquerdo e o coração. Também já estava espalhado no baço. Por isso tive que fazer exame de medula. Graças a Deus não atingiu a medula óssea, senão eu teria que fazer um transplante. Não fiz cirurgia, só o tratamento. Mas enfrentei todos os sintomas de quem faz quimioterapia. Eu tinha dores, vomitava e perdi os cabelos. Tive que ficar trancada, porque não podia pegar nenhum tipo de bactéria. Tomava injeções todos os dias para fortalecer a minha resistência. Também tive uma anemia muito forte e emagreci oito quilos. Foi mesmo uma experiência terrível.

Quando soube da notícia, foi estranho, porque meu pai e minha mãe ficaram sabendo antes de mim. Eles pediram ao médico que me contasse na presença deles, mas ficaram tão abalados quando o médico começou a falar, tão fragilizados, que a minha reação foi abraçar os dois e dar força a eles. Fiquei com os olhos cheios d'água, mas não desabei. Disse que ia lutar muito, que ia sobreviver, e felizmente foi o que aconteceu. Fiquei forte na hora, porque eu pensava assim: "Antes comigo do que com eles." Os meus pais, claro, deviam preferir que eles estivessem com câncer, e não eu.

Mas, depois que a ficha caiu, depois que comecei a fazer o tratamento e sofrer com todos aqueles sintomas horríveis, foi tudo muito difícil, e até hoje tomo remédios. Só que no meio dessa dificuldade enorme aconteceu uma história linda. Quando eu estava doente, uma amiga da minha mãe me deu uma medalhinha da santa Maria Paulina e pediu que eu rezasse para ela. Quando botei a medalhinha no pulso, tive uma sensação tão boa que comecei a rezar todos os dias para ela, até o final do tratamento. Mas não pensei em ir atrás da história da santa. Só no final foi que encontrei uma oração da Maria Paulina e então fiquei sabendo que ela era protetora das pessoas com câncer. E hoje eu passo a mensagem dela. Deixo no meu site a oração, me tornei devota e tatuei no meu corpo uma frase da santa, que é a seguinte: "Nunca, jamais, desanimeis, ainda que venham ventos contrários."

O que ficou de mais essencial para mim depois dessa experiência? Ah, antes disso, tudo para mim tinha que ser para ontem. Eu tinha uma ansiedade absurda. Hoje tenho uma paciência incrível. Entendi que muitas coisas podem ser para amanhã ou mesmo para depois de amanhã. Também passei a não guardar mágoa de nada, tenho mais paciência com as pessoas e comecei a falar "Eu te amo" todos os dias para os meus pais, para os meus amigos, para todos os meus afetos. Temos que falar o que sentimos. Fico pensando que, se eu tivesse morrido por causa desse câncer, teria ido embora sem dizer e sem fazer tantas coisas... Passei a ter realmente uma urgência de dizer e de fazer as coisas, sem agredir e sem machucar as pessoas, claro.

Também fiquei mais emotiva, mais sensível, mais fragilizada. Só que, por outro lado, sinto-me bem mais forte para enfrentar outros problemas e até mesmo para admitir as minhas próprias fragilidades.

Na realidade, eu acho que os problemas continuam os mesmos, o que mudou muito em mim foi a maneira de enfrentar cada situação. É claro que continuo sofrendo com pequenos e grandes problemas, mas sofro de forma diferente, sem chegar a extremos.

Para encarar tudo de outra forma, lembro-me do que passei durante o tratamento. Muitas vezes eu pensava em desistir. Nos dias em que estava assim, muito desanimada, muito triste, muito deprimida, as minhas reações no tratamento eram totalmente diferentes de quando eu estava com a cabeça boa. Quando estava com a cabeça boa, entusiasmada, determinada a vencer o câncer, praticamente não vomitava, sentia bem menos dores, lidava muito melhor com tudo.

Claro que há vários tipos de doenças, de câncer e de circunstâncias. Mas, em geral, eu acho que é a nossa cabeça que faz o nosso corpo. Além disso, contar com o apoio da família e dos amigos, para mim, foi essencial, e sei que nem todo mundo dispõe dessa estrutura. Meus pais foram maravilhosos, e meus amigos, superpresentes. Quando o meu cabelo começou a cair, por exemplo, minha irmã, Viviane Monteiro, também cortou o cabelo dela bem curtinho. Ela tinha o cabelo na cintura, cortou quase tudo, e deu esse cabelo para minha avó costurar numa touca de frio, porque na época estava fazendo muito frio. Então, eu colocava essa touca, com o cabelo dela, para não sentir frio e me sentir mais bonita. Achei linda aquela atitude.

Eu colecionei ações lindas como essa, de tantas pessoas. O Dudu Braga (produtor, filho do Roberto Carlos) também foi fora de série comigo, me ajudou muito nessa etapa. E as minhas fãs, que entram em contato pelo meu site, até hoje são especiais demais. Aliás, estou cercada de gente querida. Olhar com atenção para as pessoas que nos são essenciais e ficar cada vez mais perto de quem nos faz bem são sugestões que dou para todo mundo. Não precisamos ficar doentes para perceber isso. É só olhar com mais cautela, mais atenção e mais cuidado para as pessoas, para o mundo, para nós mesmos.

Alex Silva / Agência O Globo / Diário de SP

*Raul Cortez*

# *Raul Cortez, ator*

*entrevista feita seis meses antes de seu falecimento*

Quanto mais falarmos sobre o câncer, quanto mais falarmos sobre esse assunto, menos alimento vamos dar para essa doença, menos alimento vamos dar para o nosso medo. Porque eu acho que, quando alimentamos um medo, ele vira pânico.

Por incrível que pareça, acho que o pior dessa doença é o remédio, a quimioterapia. A quimioterapia me atingiu da pior forma possível, causando-me uma depressão terrível. Eu tive que lutar muito contra essa depressão. Tive de enfrentá-la com todas as minhas forças, mas valeu a pena. Terminei a luta como o corredor que conclui uma maratona. Fiquei mais magro, sem energia para falar, realmente muito cansado.

Passei 10 meses nessa batalha, fora o tempo em que eu já estava com a doença e não sabia. Na realidade, acho que a doença apareceu quando estava fazendo a novela *Esperança*, na Globo. Antes mesmo de iniciar as filmagens na Itália, comecei a sentir um mau humor repentino e inexplicável, uma irritação horrível, dores antes de comer, sensações muito ruins. Joguei esse mau humor e essa agressividade para o personagem, o que foi ótimo. Mas, naquele momento, senti que alguma coisa não andava bem, claro. De todo modo, achei que fosse uma azia, uma gastrite, ou mesmo alguma coisa desse nível, e passei a me tratar como se esse fosse o problema. Então, na mesma época, fiz uma operação de hérnia de hiato para tentar diminuir o que estava sentindo, mas continuei tendo dores muito desagradáveis.

Depois, fui fazer um filme com a Fernanda Montenegro. E no meio da filmagem tive que interromper esse trabalho, porque comecei a ter dores horríveis por conta de uma pancreatite. Fui atendido no Copa D'Or, no Rio. Do Copa D'Or, voei para São Paulo, onde foi constatada a pancreatite. Assim, tirei uns dias de descanso por recomendação médica. Já era um grande sintoma de alerta, né? Naquela ocasião, fiz todos os exames que se possa imaginar, mas nada foi detectado, é incrível isso. Então continuei a trabalhar normalmente e terminei o filme com a Fernanda. Mas as dores prosseguiram e pioraram muito. Cheguei a ponto de gritar de tanta dor. Tive de parar de gritar. No dia em que eu gritei disse para mim mesmo que, se eu precisasse representar um personagem que tivesse câncer, já saberia como seria. Afinal, como atores, nós aproveitamos todas as experiências da vida para o nosso trabalho. Só que, no fundo, eu não achava que tinha câncer, de jeito nenhum.

Um dia fui ao banheiro e vomitei, de repente. A minha empregada ficou muito assustada, telefonou para o meu médico, e ele, por causa desse episódio, pediu que eu fosse imediatamente para o hospital. Ele deduziu que eu estava com uma doença gravíssima. Fui internado, fiz todos os exames novamente, e então foi descoberto o tumor atrás do duodeno. Cinco dias depois, em dezembro, fui operado. Era engraçado me ver ali, naquela situação, porque essas coisas não acontecem com a gente, claro, essas coisas só acontecem com os outros. Eu não tinha feito nada na minha vida que me levasse a isso. Eu não bebo, não fumo, não faço nenhuma extravagância, só fico trabalhando o tempo inteiro. Então, eu pensava que aquilo realmente não poderia nunca acontecer comigo. Eu era um bom indivíduo, isso só acontece com os maus, era o que eu pensava.

Quando o médico me disse que eu estava com um tumor, perguntei a ele: "Mas é benigno, né?" E ele me disse: "Não, é maligno." Aquela resposta foi um choque para mim, foi horrível ficar sabendo que estava com câncer. Naquele momento, quando percebi, estava com lágrimas nos olhos, mas logo pensei: "Não vou chorar, não vou me emocionar, eu vou lutar contra isso." E nunca mais eu me emocionei em relação a essa doença. No último dia, quando tiver alta, aí, sim, eu me emociono, eu choro, eu sinto bastante pena de mim. Mas na hora da luta, que é muito dura, não dá para se fragilizar dessa forma.

O meu primeiro diagnóstico, quando foi constatado que eu estava com câncer, foi por meio do Pet Scan, equipamento de alta tecnologia capaz de ver o nosso corpo todo por dentro e detectar tumores que muitas vezes outros equipamentos não conseguem.

Bem, o meu tumor tinha dois centímetros, na papila menor, localizada atrás do duodeno. Por isso era difícil de ser visto. Mas o Pet conseguiu detectá-lo, porque esse equipamento realmente pega tudo. O meu duodeno e parte do meu estômago foram retirados. A operação foi, de fato, inacreditável, mas felizmente deu tudo certo.

Depois do diagnóstico, fui operado no Hospital Sírio-Libanês. A cirurgia durou 15 horas. Considerada de alto risco, é uma das mais perigosas cirurgias que existem. Ao mesmo tempo fiz a radioterapia.

Para vencer o câncer, além de procurar por bons médicos, obviamente, precisamos lutar todos os dias, não podemos passar nenhum dia sequer sem lutar. Então, quando você pensar "Ai, eu morri", pense: "Não, eu não vou morrer coisa nenhuma, vou ganhar essa." Quando não tiver vontade de sair de casa, saia; quando o seu corpo se recusar a ler, porque a concentração se perde um pouco por causa do remédio, obrigue-se a ler, obrigue-se a buscar informações, não desista, não se entregue. É claro que a depressão é uma coisa muito séria, e muitas vezes você realmente não vai sair de casa, e ficar sozinho também pode ser bom, mas nós precisamos encarar o câncer, e não nos entregarmos a ele.

Quando se trata dessa doença, cada passo torna-se um desafio. Um dos maiores desafios para mim, nesse sentido, foi o fato de sair de casa. Há remédios que fazem você perder um pouco o eixo, você cambaleia, as mãos tremem muito. Quando vai tomar um café, ele cai no seu colo quase o tempo inteiro. O seu intestino não funciona do modo normal. Quando ia ao cinema, procurava antes de tudo saber onde estava o toalete; enfim, é difícil, é muito difícil. Ao levantar da cadeira do cinema para ir embora, ficava meio desequilibrado, muitas pessoas ficavam me olhando, para avaliar como estava minha saúde. Eu me sentia sempre a um passo da humilhação. Mas não foi por isso que desisti de sair. E hoje vejo que foi muito bom ter optado por esse caminho. Até hoje as pessoas me param na rua e me perguntam se está tudo bem comigo, dizem que estão rezando por mim. Acho isso muito legal.

Sabe, eu achava que câncer era uma coisa fatal. E atualmente vejo que não é bem assim, vejo que muitas vezes o câncer tem cura. Nós temos que olhar para a frente. O câncer não é mais uma condenação.

Sinto que mudei em muitas coisas depois dessa doença. Atualmente não dou a mínima importância para a opinião dos outros. Eu me exponho mais, e na realidade não acho que estou me expondo. É um prazer enorme ser acarinhado por pessoas na rua, por gente que você nunca viu na vida, por pessoas humildes que dizem que estão rezando por você, isso vai muito além da questão de ser fã, e envolve mesmo a questão de ser humano.

Muitas pessoas me dizem até hoje que repassam, de presente, as entrevistas que dei para a *Veja* e para a Sociedade Brasileira do Câncer. As entrevistas circularam em tudo quanto é hospital. É importante que as pessoas não se sintam sozinhas e saibam que o câncer não está necessariamente associado à morte, como antes. É uma doença com a qual você vai ter que tomar cuidado a vida inteira, mas é você que a está controlando, e não ela que controla você.

Conheço muitas pessoas que sabem que estão com câncer, mas não se tratam, fogem, mesmo depois de diagnosticadas, e preferem morrer a deixar que os outros saibam que elas estão doentes. É como se as pessoas tivessem vergonha da doença, com aquele pensamento de que vai ser discriminado, ser olhado com pena, se sentir empesteado diante dos outros. É fundamental que o câncer não determine os seus passos.

Por falar em passos, hoje em dia também ouço mais as pessoas. Ainda tenho um temperamento muito forte, que eu não acho legal. Sinto um prazer enorme em ficar sozinho. Isso já estava em mim antes da doença, mas eu não percebia. Hoje sou muito mais dono do meu tempo. Posso ir para o meu sítio, sozinho, e ler um livro inteiro, se quiser. O meu tempo quem faz sou eu. E também me aceito mais, aceito mais os meus limites. Se leio uma página e perco a concentração, antes eu ficava irritado, agora aceito numa boa, fico muito mais de bem comigo mesmo. Fico pensando que estou com 74 anos de idade e perdi 10 meses da minha vida por causa do câncer. Isso ainda me aborrece muito. Não gosto nada de ter perdido esse tempo. Às vezes fico me perguntando quanto tempo mais vou poder viver. Mas também luto com esses pensamentos, para me concentrar cada vez mais no presente, sem me angustiar com o que passou. E, além disso, há coisas que eu ainda não disse, coisas que eu ainda não fiz, e tudo isso me dá uma força muito grande.

Quem recebe hoje a notícia de que está com câncer precisa saber que tem pela frente uma proposta de luta e que não vai ser nada fácil. Mas também é importante saber que essa luta vai testar a sua própria força, testar a sua carência de luz, de vida, de objetivos, de felicidade.

É que nem aquela história do cara que ganhou de presente uma tartaruga e disse: "Não, por favor, não me dê essa tartaruga, porque eu sou muito emotivo, depois ela morre e eu vou sofrer muito."

Sou um pouco como esse cara. Por isso, no meu aniversário, não me dêem tartarugas de presente. É um bom título para um livro, não é? "No dia do meu aniversário, por favor, tartarugas, não!"

*(Neste momento, no lado de fora da casa do ator, uma sabiá voa, fazendo barulho.)*

Olha aquela sabiá, ela é um barato... Todo ano ela vem aqui e faz um ninho aí fora, num vaso onde eu tenho uma samambaia. Mas este ano a samambaia cresceu demais. E a sabiá ficou louca da vida por causa disso, gritando feito uma doida. Quando olhávamos para o ninho na primeira vez, ela vinha nos agredindo, voando que nem uma flecha, dando bronca na gente. Agora ela cortou toda a samambaia e fez outro ninho lá. Estou de inquilino aqui.

Então, hoje em dia, depois do câncer, eu olho mais para as pessoas, olho para o passado sem nostalgia, reflito mais, olho mais para as pequenas belezas que aparecem para mim, feito essa sabiá que faz ninho aqui na minha casa. Há algum tempo provavelmente eu não olharia para ela com tanta atenção, tanto cuidado, tanta alegria.

Marizilda Cruppe / Agência O Globo

*Gisela Amaral*

## *Gisela Amaral, empresária*

Em 2001, comecei a sentir um carocinho, fazendo o auto-exame. Então, o meu marido (Ricardo Amaral) me pediu que eu fosse imediatamente ao meu médico. Fiz uma mamografia que acusou um cisto mínimo. O meu médico aqui no Brasil disse que estava muito pequeno, que naquele tamanho não dava ainda para julgar e, assim, mandou que eu voltasse seis meses depois. Mas, depois de outros seis meses, o tumor tinha se desenvolvido, já estava grande, avançado. E, como eu tinha viagem marcada para os Estados Unidos, aproveitei e fiz exames no Memorial Hospital, em Nova York. Lá, me submeti a uma nova mamografia, uma ressonância e três biópsias, no mesmo exame. Fui atendida pelo vice-presidente do Cancer Research do hospital, um médico italiano.

Dessa forma, eles diagnosticaram um tumor maligno, detectado também no Brasil, em uma das mamas. Na outra não havia nada. Eles me disseram que não precisariam extrair todo o seio, que seria necessário apenas retirar o tumor no quadrante superior externo da mama. Mas então, conversando com o médico italiano, ele me disse que esse tipo de operação que eu iria fazer tinha sido descoberto há 12 anos, em Milão, na Itália, e que ele fora convidado para trabalhar no Memorial para ensinar os médicos de lá a fazerem essa cirurgia. Ele fizera esse curso em Milão, há 10 anos, e essa cirurgia já era realizada há seis anos nos Estados Unidos, que custaram muito a aceitá-la, por causa da FDA.

Assim, o médico italiano disse que tinha estudado junto com o Dr. Aristodemos Pinotti, brasileiro que trabalha em São Paulo. Por coincidência, minha irmã também teve câncer de mama (e morreu, porque só descobriu muito tarde). Ela se consultou com o professor Pinotti. Então, o médico do Memorial Hospital recomendou que eu me operasse com o professor Pinotti, no Brasil, porque eu havia dito que preferia fazer a cirurgia no meu país. Nós, brasileiros, sentimos muito a diferença que existe no atendimento médico de um país para outro, principalmente em relação ao lado humano da Medicina. Na América do Norte, eles são muito duros, dizem tudo para o paciente, sem nenhuma demonstração de carinho. Acho que eles são assim porque, se os médicos não falarem franca e diretamente para cada paciente o que ele tem, ou o que pode vir a ter, estão arriscados a ser processados no futuro por não avisar claramente à pessoa. E lá, em

80%, 90% dos casos médicos, os pacientes ganham as ações. Aqui no Brasil, em geral, os médicos são muito mais atenciosos conosco.

Desse modo, voei para cá, para me tratar com o professor Pinotti. No Memorial me sugeriram que eu voltasse, caso fosse necessário fazer radioterapia (não foi o meu caso), para obter resultados mais precisos. Mas o tratamento de quimioterapia, por sua vez, pode ser feito com o mesmo nível de resultados em qualquer lugar do mundo porque é uma receita. No momento em que você faz a aplicação correta, pode tomar aqui, na China, no Japão ou onde quiser.

Então, imediatamente, marquei minha cirurgia e após cinco dias fui operada. Antes, ele me pediu novos exames. E aí aconteceu uma coisa incrível, para nós vermos o quanto a Medicina brasileira está avançada, o quanto temos profissionais do mais alto nível. O professor Pinotti olhou os novos exames, comparou-os com os dos Estados Unidos e discordou deles: "Você não tem que apenas tirar o quadrante externo superior da mama, onde está o tumor, porque você tem, na mesma mama, mais dois tumores." E eu realmente tinha me consultado havia menos de uma semana com os americanos. E ainda mais inacreditável foi o professor Pinotti me dizer que eu também tinha outro tumor, na outra mama, não detectado nos Estados Unidos.

Dessa forma, o Dr. Aristodemos Pinotti entrou em contato com os médicos do Memorial Hospital (principalmente aquele médico italiano, que era amigo dele), para explicar aos americanos como ele chegou àquele diagnóstico. Antes da cirurgia, o Dr. Pinotti me disse o seguinte: "Do lado que tem um tumor, você pode tirar só o quadrante onde ele está situado. Mas no outro lado, onde há três tumores, tem que fazer mastectomia total, ou seja, extração de toda a mama."

Então, perguntei qual era a sua sugestão e ele me respondeu: "Eu faria a mastectomia nas duas mamas, porque você tem essa tendência. Veja que, de uma vez só, apareceram quatro tumores. Já que você vai pôr uma prótese, ponha logo duas, para sua segurança." E foi o que eu fiz, em 2002, exatamente um ano e um mês depois de eu ter sentido aquele primeiro caroço. E estou extremamente feliz com o resultado. Depois da cirurgia, recomendaram-me um oncologista para o tratamento pós-cirúrgico, o Dr. Antonio Buzaid, de São Paulo. Mas, como moro no Rio de Janeiro, o Dr. Buzaid sugeriu que eu procurasse um profissional da minha cidade, o que me proporcionaria maior conforto na quimioterapia. E me recomendou o Dr. Bines, oncologista que clinicou nos Estados Unidos e é convidado para tudo quanto é palestra e conferência, no Brasil e no exterior. Ele me atendeu muito bem. É um médico extraordinário, muito dedicado, e está sempre a par de tudo o que de mais moderno e eficaz existe em termos de tratamento de câncer no mundo. Acho que a delicadeza e o lado humano do médico são fundamentais no tratamento dos pacientes cancerosos.

Mas ainda hoje encontro várias pessoas que escondem estar com câncer, que não pronunciam o nome da doença, como se ela fosse um pecado. Isso conspira a favor da doença. Desde que eu soube, nunca a omiti de quem me perguntava. Quando fiz quimioterapia, o meu cabelo caiu, mas eu saía careca para todos os lados. Antes e depois de tudo o que eu passei, lá em Nova York, fui à igreja da Quinta Avenida, St. Patrick, para agradecer por isso não ter acontecido com os meus filhos nem com o meu marido.

O fato é que, se enfrentamos o câncer, não o deixando nos derrubar, nem psicológica, nem emocionalmente, temos muito mais chances de superá-lo. É óbvio que devemos nos prevenir e nos tratar, fazendo todos os exames, todos os tratamentos, seguindo todas as recomendações dos médicos da nossa confiança, claro. Mas o tratamento interior que precisamos dar à doença é não sermos fracos, não termos autopiedade, não sermos covardes nem nos sentirmos vítimas, conservando a alegria da vida e a fé.

No meu caso, sou extremamente religiosa. Sou católica apostólica romana. E acho que tudo isso, toda essa positividade, fortalece o sistema imunológico. Muito antes desse câncer, há uns 15 anos, meu marido tinha negócios em Nova York, e eu trabalhava como voluntária, no próprio Memorial Hospital, atendendo crianças, no quinto andar do hospital. E constatei, pessoalmente, como elas ficavam tristes quando a mãe ia embora, porque morava em outro lugar, precisava trabalhar, por uma série de motivos. E, quando ficavam sozinhas, a doença invariavelmente piorava.

Para mim, o otimismo pode derrubar o câncer. É muito importante que a pessoa continue a tocar a sua própria vida. É claro que terá certas restrições, mas precisa fazer tudo com prazer e entusiasmo. Por tudo isso, salve a alegria! A vida é bela, o mundo é lindo e, não se esqueça, Deus é bom!

Arquivo pessoal

*Mário Covas e Renata Covas Lopes*

## *Mário Covas, ex-governador de São Paulo*

*por sua filha Renata Covas Lopes, advogada*

Certa vez, num exame geral de rotina, o médico desconfiou que meu pai tinha alguma coisa grave. Isso foi logo após a campanha eleitoral de 1998. Então, depois que soube que ele tinha um tumor maligno, descobri o quanto é difícil assumir essa doença. E uma das coisas mais complicadas é conversar com o doente sobre o câncer e passar por situações muito ruins, claro. Ele teve que fazer quimioterapia, por exemplo, e foi uma coisa absolutamente violenta, horrível, doloridíssima para ele e para nós que acompanhamos.

Um detalhe: meu pai não teve nenhum sintoma, não sentia absolutamente nada. Daí a importância dos exames preventivos. Em outubro de 2000, dois anos depois do primeiro diagnóstico, descobrimos que o intestino dele já estava tomado pelo tumor. Então, ele foi para o centro cirúrgico de novo, colocou aquela colostomia, mas daí em diante só piorou.

E tem outras coisas muito duras no meio dessa história. Meu pai tinha muita vontade de fumar, muita vontade mesmo. E naquele momento, quando já estava muito doente, também não ia fazer mais tanta diferença se ele desse uma tragadinha num cigarro. Mas como é que você chega para o seu pai que está com câncer e diz: "Vai, pai, pode fumar um pouquinho, vai." Não tem como fazer isso, até porque, dessa forma, você vai estar assumindo, para ele mesmo, que não tem mais jeito. E isso não deve ser feito nunca.

Uma coisa boa é que o meu pai não teve tantas dores como muitas pessoas sofrem. Ele só tinha muitas dores durante a quimioterapia. E acho que a químio geralmente é mais violenta do que a própria doença, como outras pessoas já devem ter dito por aí. É um negócio horroroso para quem passa, e também para quem está acompanhando o doente.

Apesar disso, na medida do possível, eu pedia para todo mundo não fazer cara de missa de sétimo dia quando estivesse na presença dele. Eu fazia uma algazarra no hospital. Já entrava no quarto falando bobagem, tentando levantar o astral de todo mundo. Era muito difícil para mim manter essa alegria, mas achei que passar esse sentimento seria essencial para suavizar a situação do meu pai.

De todo modo, no final, eu rezava pelo amor de Deus para que o sofrimento de meu pai acabasse, para que ele morresse logo. Não havia melhora. Em novembro de 1998, ele fez a cirurgia de bexiga. Mas, depois que fez a de intestino, de novembro de 2000 até sua morte, em março de 2001, cada dia passou, de fato, a ser pior que o outro. Aí foram encontradas células cancerígenas na medula, e ele foi só caindo, caindo, caindo, até morrer.

E é impressionante como a pessoa que tem câncer mantém a esperança. Até o fim, meu pai achava que ia conseguir. Mas ele não era de reclamar muito. Não entrou nunca naquela história de "por que isso aconteceu comigo e não com um bandido?", e coisa e tal. E, olha, eu acho que se o meu pai não tivesse sido reeleito para o governo de São Paulo, em 1998, esse câncer o teria levado muito mais depressa. Mesmo quando estava muito doente, quando o corpo dele não agüentava mais, meu pai fazia um esforço sobre-humano para trabalhar, para pensar em projetos, para concretizar idéias, enfim, para seguir em frente.

Como meu pai ficou sabendo do câncer? Depois que fez a cirurgia para ver o que tinha de errado na próstata, o médico disse a ele que havia achado um tumor maligno que precisava ser investigado. Meu pai ouviu tudo aquilo, fez algumas perguntas e, como estava muito cansado da cirurgia, dormiu de novo.

Quando acordou, estávamos vendo o SP TV, jornal da TV Globo, e o repórter dizia ao vivo, na matéria: "O Governador Mário Covas passou por uma cirurgia e os médicos constataram que ele tem um tumor maligno..." E aí meu pai foi ficando branco na cama. Então eu liguei para o médico e pedi: "Volta, porque meu pai não ouviu nada do que você falou." Acho que, desnorteado pela anestesia, fez as perguntas, mas não fixou o diagnóstico.

De todo modo, quando soube tudo de novo pelo próprio médico, ele foi logo dizendo que ia reagir, que aquilo não seria nada, que superaria aquela doença e tudo mais.

Ah, e tinha uma coisa: meu pai não saiu do Brasil de jeito nenhum para se tratar ou fazer qualquer tipo de exame. E ele ficava mesmo irritado quando sugeriam isso. Dizia que não era possível, que não tinha cabimento alguém que era governador de Estado não acreditar nos seus próprios profissionais de saúde.

Meu pai sempre foi um homem muito reservado, não só publicamente como com a própria família. Não me lembro nunca de tê-lo visto de toalha, por exemplo. E o câncer deixa a pessoa completamente exposta, completamente devassada. Ele ficou quase o tempo todo com uma sonda, depois com uma bolsa, e sempre tinha gente o manipulando – aquela sonda entupia, era desumano.

A pessoa fica completamente à mercê dos outros, com a sua intimidade totalmente escancarada. Achamos melhor até que ele fosse cuidado por um enfermeiro, para que ficasse menos constrangido. Às vezes ele ficava irritado com alguma coisa, mas no fundo nós sabíamos que o problema era esse. E meu pai, que sempre teve uma clareza de raciocínio tão grande, começou a ficar confuso.

Eu me lembro de que, na última semana em que esteve no hospital, fiquei muito impressionada com a batata da perna dele, que quase desapareceu, ficou um buraco nela. Essa é uma doença horrível mesmo.

O engraçado é que, depois da doença, meu pai passou a ter pavor da madrugada. Ele falava sobre esse medo. Dizia que não queria ficar sozinho naquele período. E tinha mesmo muita dificuldade para dormir, ficava muito inquieto. Curioso, porque ele era um homem muito invocado, com aquele vozeirão, batia boca e brigava com um monte de gente, mas tinha medo da madrugada. E eu passei muitas noites com ele, no hospital, do lado da cama, segurando a mão dele, por causa desse pavor. Muitas vezes fiquei com ele lá, daquele jeito, ele meio sonolento, abrindo os olhos quando percebia que eu estava largando a mão dele. Ele morreu de madrugada.

Naturalmente, no dia-a-dia, ele tinha um gênio muito difícil, mas o nosso relacionamento era bem fácil. E eu vou falar a verdade. No fundo, no fundo, acho que meu pai tinha raiva de estar passando por tudo aquilo. Ele sempre foi um homem de fé, gostava de rezar, mas acho realmente que ele não se conformava por não ter mais tempo para realizar tudo o que ainda gostaria de fazer na vida.

Mas não foi por causa da doença que ele começou a tratar melhor a gente ou a tratar pior. Meu pai continuou igual nesse sentido. É evidente que ele ficou mais emotivo. Ele chegava às lágrimas com mais facilidade. A solidariedade, num momento desses, é muito tocante. As crianças mandavam desenhos. E essa manifestação das pessoas o emocionava muito.

A questão é que o câncer é uma doença absolutamente democrática. Ela não respeita cor, idade, religião, nível econômico, nada. Parece que ela prefere os fumantes e outros perfis de pessoas. O meu pai, como eu já disse, e como todo mundo sabe, era fumante.

Nesse calvário, constatei minha convicção de que nós não levamos absolutamente nada desta vida. E que precisamos passar pelas dificuldades, pelos dramas, pelas dores com o máximo de dignidade possível e manter por perto, de preferência, pessoas com um astral bom, para diminuir nossas angústias e preocupações. Afinal, já basta quando não tem jeito mesmo e a gente precisa se preocupar de verdade. Cada vez que os médicos entravam no quarto do hospital, a gente ficava muito preocupado. Meu pai dizia uma coisa engraçada: "Quando a notícia é boa, vem só um médico. Porque, nesse caso, vem sempre um primeiro, para contar na frente dos outros. Mas, quando chegam mais de dois, é má notícia." Outra coisa que ele costumava dizer: "Se um médico nos diz: agora nós vamos ter que aplicar um medicamento que vai causar um certo desconforto, por exemplo, é porque, na realidade, vai doer pra caramba."

Meu pai tinha muito medo de perder o controle mental, o controle das suas idéias, dos seus pensamentos, do seu raciocínio. Para o corpo, ele não dava tanta importância. Um dia, muito antes de tudo isso acontecer, claro, ele chegou em casa, após um jogo de futebol (meu pai gostava de jogar futebol), na época em que tinha acabado de se casar. E minha mãe perguntou: "Por que você está mancando?" Ele disse, sem reclamar muito: "Não sei, tem alguma coisa me machucando dentro da minha chuteira." Ele simplesmente tinha um prego enfiado no local, e esse prego havia feito um buraco no seu pé, uma ferida horrível.

Mas é curioso como geralmente nós transferimos aos médicos a raiva que temos da doença, mesmo quando eles não têm culpa de nada. Algumas pessoas da minha família ficaram assim durante certo tempo, como se a culpa fosse dos médicos, como se eles fossem culpados por ter que dar aquelas notícias ruins. Os médicos não tiveram culpa de nada. Da minha família, acho que eu fui a mais realista. Eu sabia que era mesmo muito grave o que ele tinha. Mas meu pai nunca blasfemou contra nada, nunca culpou ninguém, nunca entregou os pontos. De fato, nunca cultivou nenhum tipo de autopiedade. Claro que é possível que ele tenha sentido ou pensado alguma coisa dessas, em algum momento mais difícil, mas nunca verbalizou. Eu acho mesmo que ele encarou essa doença terrível com muita sabedoria (o que não é nada fácil). E o que me deixa feliz, nisso tudo, é saber que meu pai morreu com a mesma dignidade com que sempre viveu. E felizmente ele teve a família à sua volta, o tempo todo.

O que eu digo para quem está enfrentando uma situação semelhante é que a pessoa resolva todas as pendências afetivas que tiver, diga tudo o que tiver vontade de dizer para quem está doente. E quem está doente também precisa dizer tudo o que achar necessário. É a hora de aparar as arestas. Outra coisa: cuidado para que o doente não acabe confortando o acompanhante. É o acompanhante que precisa confortar o doente. As situações não devem se inverter. Tenho um tio que, quando ficou doente, me dizia que o mais duro da sua doença era encontrar as pessoas conhecidas e ver que várias o olhavam como se estivessem vendo um cadáver. A maneira de olhar, a maneira de encarar os fatos, a maneira de falar com quem está passando por uma barra dessas – tudo isso é muito importante. De resto, é não esquecer de dizer coisas carinhosas, fazer declarações de amor, pegar muito na mão, abraçar muito, quando tiver vontade, claro, e com calma. Eu sempre fui muito efusiva com ele. Não dá para quem nunca abraçou o pai, de repente, de uma hora para outra, começar a abraçar e beijar a pessoa sem parar. Aí o cara vai ter certeza de que vai morrer naquele dia mesmo. O fundamental é aproveitar as pequenas oportunidades que a vida, mesmo num momento tão terrível, nos oferece.

Arquivo pessoal

*Karla Vidal*

# *Karla Vidal*, *artista plástica e empresária*

Tive essa doença muito jovem, com 27 anos, no final dos anos 1980, numa época em que a Medicina não tinha os recursos de hoje. Para fazer quimioterapia, por exemplo, a pessoa precisava se internar. Tudo era muito mais difícil do que hoje em dia. E olha que atualmente ainda é muito duro encarar um câncer, claro.

Quando morava fora do Brasil, comecei a ter dores muito fortes nas articulações. Mas, como achava que era por causa do frio, não me preocupava tanto. Aí, voltei para cá e as dores pioraram. Então, comecei a me tratar com um reumatologista. Ele diagnosticou que eu tinha lúpus. Mais tarde descobri que não era nada disso. E, assim, as dores não melhoravam de jeito nenhum.

Um dia, a mãe de uma amiga me perguntou: "Karla, por que você não vai a outro médico?" Então me consultei com outra reumatologista, considerada na época a maior especialista do Rio. De uma semana para outra, o caroço da minha mama tinha evoluído de forma impressionante.

Essa médica pediu um exame que eu nunca tinha feito na vida. Entrei no consultório dela para tentar descobrir realmente o que eu tinha. Fiquei duas horas lá e saí direto para ser atendida por uma mastologista. Descobri que havia 90% de chance de estar com câncer. Só pelo toque ela já constatou a presença do tumor. E na mesma noite, antes da biópsia, a mastologista me disse que eu tinha seis meses de vida. Aí eu ri na cara dela e disse: "Eu vou te enterrar." Ela riu também. Hoje, 15 anos depois, nós somos grandes amigas. E ela me diz que eu sou um exemplo perfeito de que a luta e a determinação muitas vezes superam todos os prognósticos mais negativos da Medicina.

Na hora pensei na minha mãe. Ela morreu por causa de um tumor de mama, com 36 anos, quando eu tinha sete anos de idade. A minha tia, irmã gêmea da minha mãe, também morreu da mesma doença. Então, durante toda a minha infância, presenciei a conduta de cada uma delas diante da doença. E botei uma coisa na minha cabeça: "Se eu me entregar para o câncer (que eu passei a chamar de caranguejo), ele vai me matar." Nunca deixei que esse caranguejo fosse mais forte do que eu. Imaginava que ele era uma espécie de droga que estava tomando conta do meu corpo. Para se livrar de uma droga, você tem que buscar ajuda e fazer de tudo para solucionar o problema, sem se render de forma alguma.

Sem me render, saí da cirurgia sem o meu seio. Pela falta de recursos da Medicina na época, e pelo fato de que o meu caranguejo era enorme, do tamanho de uma laranja, não pude fazer a reconstrução da mama imediatamente. Então, fiz quimioterapia, e tudo mais que me mandaram, me tratei com todo o cuidado, com toda a disciplina. Mas, no ano seguinte, tive mais um tumor no outro seio. E aí foi mais uma parada muito dura que tive pela frente.

No meio disso tudo, como eu não tinha família, fui muito bem acolhida pelos amigos. Morei um ano na casa da Zezé Motta, que é uma grande amiga minha. Ela me acolheu lindamente. Tenho uma gratidão enorme pela Zezé. Depois, morei um ano também na casa de outra amiga. Houve realmente um movimento muito bonito em torno da minha doença. Essa doença muda todos os nossos valores. Se você acha que é importante ter um carro zero, não é importante. Quem tem câncer revê os seus valores, as suas prioridades, a sua própria vida e o seu modo de lidar com as outras pessoas.

Afinal, tem que haver alguma coisa de bom nesse caranguejo, né? E o que tem de bom é essa mudança que ele nos proporciona, principalmente em relação ao desprendimento das coisas. Não adianta pensar: "Ah, eu prefiro morrer a ficar sem o meu peito!" Claro que não, é muito melhor ficar viva e depois fazer uma reconstrução. Mas é claro que tudo isso é uma questão de ponto de vista. Nesse sentido, tive muito mais dificuldade de ficar careca do que de perder o seio. Eu tinha o cabelo enorme, e era assustador, na época, ver uma mulher careca na rua. Tinha gente que me chamava de louca quando eu passava. E eu brincava: "Ah, eu fugi do hospício hoje." Acho que, se você não tiver bom humor numa hora dessas, o bicho te pega mesmo. Houve momentos em que tive consciência de que, se eu me rendesse, se fechasse os olhos e entregasse o meu corpo, eu ia embora. O caranguejo só estava esperando por isso. Mas, felizmente, não me entreguei em nenhum momento. Um suspiro errado, e eu não estaria mais aqui.

A solidariedade dos médicos também foi uma coisa muito linda e inesquecível para mim. De fato, eu era muito jovem e tinha poucos recursos na época, pois vivia só da minha arte. E, dentre os amigos, percebi que os homens têm muito mais dificuldade de lidar com uma doença grave do que as mulheres. Os meus próprios irmãos, que assistiram à mãe deles passar por isso, nunca me visitaram. Ficaram travados. Só um deles me visitou, mesmo assim por causa da minha cunhada, que deu uma força. E sei que eles não fizeram isso por mal, de forma alguma. Eu pareço muito com a minha mãe, e eles piraram, ficaram com bloqueio de encarar de novo o drama dessa doença. Não digo que o homem é mais fraco do que a mulher. Só acho que, em geral, o homem sofre muito mais.

De minha parte, apesar de todo o sofrimento, lidei muito bem com a situação. Um dia, quando ainda estava careca por causa da quimioterapia, comprei uma peruca loura para fazer festa, porque sou morena. Então, pus a peruca e fui fazer um lanche, na antiga e tradicional Confeitaria Colombo, no Rio, com um casal de amigos que me acolheu com muito carinho. Mas lá na Colombo a peruca começou a esquentar muito a minha cabeça e eu acabei tirando. Fiz o lanche, daquela forma mesmo, careca. No dia seguinte, devolvi a peruca à loja. E foi ótimo, porque assumi a minha condição e passei a sair careca mesmo, sem grilo nenhum com isso.

Passei pelo menos quatro anos da minha vida por conta do caranguejo. Um dia soube de um homem que recebia uma entidade que fazia operações espirituais. Ele tinha dias para receber pessoas com câncer e dias para receber pessoas com Aids. Esse homem, que é muito simples, mora num sítio, no interior de Minas Gerais. Quando eu fui, havia muita gente lá esperando por ele. Nesse dia, ele recebera muitas pessoas com câncer de cérebro. Esperei por ele de cinco da manhã até as dez da noite. E finalmente fui atendida. Ele segurou no meu seio, enquanto pessoas rezavam em volta. E quanto mais ele tocava na região dos tumores, mais eu sentia que eles estavam se desmaterializando. Fiquei absolutamente impressionada com o trabalho dele, que não tem nada de charlatanismo. Tinha ido a muitas pessoas que diziam fazer esse trabalho, só que cobrando. E conheci muita gente ruim. Mas, com ele, não. Com ele foi totalmente diferente. Soube depois que, em alguns casos, ele manda as pessoas voltarem para os médicos para fazerem quimioterapia, radioterapia, e muitas vezes diz que não pode fazer mais nada, que não tem jeito.

Na volta, consultei-me com a minha médica. Já estava com a cirurgia marcada para fazer biópsia da segunda mama. Conversei com ela, que não acreditou quando me tocou e viu que não havia mais nenhum caroço. Ainda incrédula, ela me operou quatro vezes, com intervalo de alguns meses, e realmente não achou nada.

Dessa minha experiência tirei histórias muito lindas, muito ricas e emocionantes. É meio loucura acharmos que uma coisa ruim chega à nossa vida para nos melhorar, mas acho que uma doença dessas vem para nós por algum motivo. Descobri, por exemplo, que eu era mais forte do que pensava, e que tinha muitas pessoas que também me queriam muito, mais do que eu podia imaginar. Temos que tirar coisas positivas de uma situação tão horrível como essa. A cada dia que acordo tento ser uma pessoa melhor do que fui no dia anterior. Acho que quem está doente não pode ter autopiedade. O próprio fato de eu chamar o câncer de caranguejo fazia as pessoas rirem muito. É claro que também houve a contribuição da Medicina, a contribuição da espiritualidade, houve muitas contribuições. Mas acho que, se estou aqui hoje, viva, foi por acreditar que eu podia ser mais forte do que a doença, por acreditar que eu podia ser mais forte do que esse bicho. Eu acho mesmo que essa doença é um bicho que aparece dentro da gente.

E eu vou contar uma coisa: antes de ficar doente, eu tinha pavor de ter um tumor maligno. Ainda hoje eu tenho muito medo de ter que enfrentar outro caranguejo. Mas esse não é um medo que me paralisa, é um medo que me faz agir, que faz com que eu me cuide, que faz com que eu me informe, que me dá cada vez mais vontade de viver. Quando soube que estava doente, não recebi a notícia como uma tragédia. Fiquei muito perturbada, superabalada, mas para mim aquela notícia, na realidade, chegou como um enorme desafio. Quem perde a vontade de viver perde essa luta, com certeza. Outra coisa: a cirurgia plástica do Brasil é uma das melhores do mundo. A minha mama reconstruída ficou perfeita, e essa operação foi feita há 15 anos. Perder uma parte do corpo é muito ruim, obviamente. Mas, se você contar com bons profissionais, as reconstruções hoje são realmente perfeitas. Acho mesmo que não devemos nos agarrar a nada. O mais importante de tudo é nos agarrarmos à vida.

*"Houve realmente um movimento muito bonito em torno da minha doença. Essa doença muda todos os nossos valores. Quem tem câncer revê os seus valores, as suas prioridades, a sua própria vida e o seu modo de lidar com as outras pessoas."*

*Karla Vidal*

Arquivo pessoal

Sergio Marques / Agência O Globo

*Margie Fraga, Armínio Fraga (também na foto menor) e Sylvio Fraga*

## *Sylvio Fraga, dermatologista*

*por seu filho Armínio Fraga, ex-presidente do Banco Central do Brasil*

Meu pai descobriu que tinha leucemia linfocítica quando estava com cinqüenta e poucos anos. Na época, ele percebeu que tinha uns gânglios, foi fazer um check-up e confirmou por meio de um exame de sangue. Não me lembro dos detalhes desse período. Lembro-me, claro, que a notícia foi um choque para todos nós, mas ele sempre foi uma pessoa muito positiva. Ele também era um médico com "M" maiúsculo, muito estudioso. E, apesar de saber que aquela era uma péssima notícia, acreditava que poderia lutar durante muito tempo contra aquele câncer, tendo uma vida razoavelmente boa. De fato, ele se tratou e teve mais de 10 anos de excelente qualidade de vida.

Ao longo da vida, meu pai enfrentou outras doenças sérias. Ficou diabético aos quarenta e tantos anos. Teve também problemas de coração e acabou colocando uma ponte de safena. Por último, apareceu a leucemia. Mas meu pai era muito alegre e dava a impressão de que não pensava nisso o tempo todo.

Ele foi muito bem atendido pelos médicos, que foram cuidadosos e carinhosos.

Mais para o final, ele decidiu tentar uma nova medicação nos Estados Unidos, buscando tratamentos ainda não aprovados pela FDA, órgão que testa e coordena a utilização de remédios novos. Se ele tivesse descoberto esse remédio na fase branda, logo no início do câncer, teria possibilidade de se salvar. Foi uma pena, por um triz isso não aconteceu. Não me lembro agora do nome do remédio, mas sei que era um tratamento com anticorpos monoclonados.

Era preciso combinar esse tratamento novo com o tratamento tradicional da quimioterapia, que foi muito duro para ele. Mas, com uma cabeça bem bacana e muita coragem, ele agüentou firme e não desistiu nunca.

Meu pai faleceu em setembro de 1997. Ele passou três meses em Nova York com a minha mãe. E eu trabalhava em Nova York, na época. Nós nos víamos todos os dias, na hora do almoço e após meu expediente. Durante esse período, acompanhei bem de perto o dia-a-dia no hospital. Demos todo o apoio de que ele precisava.

Foi angustiante, principalmente na fase final, quando ele foi definhando feito um fiapo, muito fraco de corpo, mas não de espírito. Mas meu pai foi um exemplo para mim, em todos os aspectos. Minha mãe também foi muito forte, agüentando a barra ao lado dele, o tempo todo, sem desistir.

Sempre acompanhando as novidades médicas, meu pai estava muito atento à própria saúde. Provavelmente, se não tivesse outros problemas além do câncer, não estaria tão atento, e a doença teria sido descoberta muito tardiamente. Nesse caso, ele não teria tido tantos anos bons de vida depois do diagnóstico.

O câncer é um inimigo implacável. Quando diagnosticado cedo, muitas vezes é possível vencê-lo, mais do que as pessoas imaginam. Por isso é muito importante que nos cuidemos. Por outro lado, não podemos passar a vida nos prevenindo de tudo. É preciso haver um certo equilíbrio. Temos que fazer check-ups de rotina, nos alimentar bem, nos exercitar, viver bem e com alguma disciplina. Administrar da melhor forma possível os estresses e aborrecimentos da vida, sem passar o tempo todo pensando ou imaginando que podemos estar na fase inicial de um câncer ou de uma doença rara.

Isso foi o que o meu pai me passou, desde cedo. Também devemos ter uma visão de médio prazo, sem buscar o prazer ou a recompensa imediatos. Pensar a saúde e cuidar da própria vida a médio prazo (para usar um termo da minha profissão) trazem um retorno muito grande.

Em relação ao tratamento e à atitude diante da adversidade, quando ela ocorre é tudo muito pessoal, depende das circunstâncias, depende de cada um. Ouvir histórias como esta pode ajudar as pessoas a verem que, mesmo quando o fim da vida se apresenta de forma súbita e descontrolada, é possível viver com prazer e alegria, administrando as dificuldades com o máximo de serenidade. É claro que há uma distância entre o discurso e a ação. Mas falar e desabafar com a família, com os amigos, é muito bom.

E acho também que parte da administração do problema é reconhecer que essa doença é realmente muito dura, muito ruim, horrível mesmo. Mas, a partir desse reconhecimento, é importante não permitir que o foco da vida da pessoa esteja todo voltado para o negativo – é necessário também que esse foco se direcione para o positivo. Não devemos concentrar toda a nossa vida na doença e nos fechar para o que existe de bom. É fácil falar e difícil pôr em prática, mas dá para se fazer muitas coisas bacanas, viver bem.

Vi, com meu pai, que isso é possível. Tive uma das melhores conversas da minha vida com ele. Num desses dias, eu tinha me despedido dos meus pais, já estava na estrada, dirigindo para casa, quando minha mãe me ligou, dizendo: "Volta, o seu pai quer conversar com você." No mesmo instante, fiz um retorno na estrada, assustado. Então, conversei longamente com meu pai. Ele foi dormir e não acordou mais. Era como se soubesse que ia morrer, mas não tocou nesse assunto durante a conversa. Na realidade, ele não falou como se fosse morrer. Falamos sobre coisas da família, sobre coisas da vida, foi uma boa conversa de alma. E fiquei feliz porque pude estar perto dele naquele último momento. O mais importante de tudo é que ele foi em paz. Aliás, nós da família também ficamos em paz, apesar da dor, da saudade e da falta que ele faz até hoje.

Guto Costa / Agência O Globo

*Leandro e Leonardo*

# *Leandro*, *cantor*

*por seu irmão* *Leonardo*, *cantor*

Dessa experiência tão difícil da doença do Leandro, para mim ficaram muitas coisas importantes, muitas lições de vida. Sabe, mais do que nunca, eu vi o quanto nós somos pequenos diante das adversidades da vida. Essas coisas pegam você desprevenido, tiram o seu chão e você realmente não pode fazer nada. Não adianta dinheiro, fama, poder – nada pode devolver a pessoa que nós perdemos.

Então começamos a valorizar coisas que antes passavam despercebidas, como estar com a família, com os amigos, ter tempo para as pessoas de que gostamos e que gostam de nós. Enfim, depois de uma experiência tão doída, passamos a valorizar cada momento da nossa vida. Essa é a minha opinião.

Acho que depois dessa experiência eu amadureci muito e rápido. O Leandro era tudo pra mim, tanto no aspecto profissional como no pessoal. Ele era o cara que fazia tudo. Era sério, centrado e concentrado na nossa carreira. Eu deixava tudo nas mãos dele e não tinha erro. Era o meu porto seguro. Estávamos sempre juntos em todos os lugares. Ele era meu irmão, meu parceiro, amigo e conselheiro.

Bem, uma coincidência incrível é que nós sempre fizemos campanhas para ajudar hospitais e entidades que tratam doentes de câncer. E nunca poderíamos imaginar que teríamos essa doença perto de nós e tão cedo. De fato, a gente sempre acha que essas coisas só acontecem com os outros.

O Leandro teve um tumor na região do tórax (mediastino) conhecido como tumor de Askins. Quando meu irmão adoeceu, nós nos preocupamos muito em tentar entender a doença e o motivo de ele ter ficado doente. Afinal, a gente busca uma explicação, qualquer que seja, certo? E ele era tão generoso que mesmo quando estava lá, lutando contra a doença, mesmo nos momentos mais dolorosos, se preocupava com quem não tinha dinheiro para pagar um tratamento como aquele. Ele dizia para o médico: "Doutor, eu estou aqui neste hospital e estou tomando todos os remédios de que preciso. Graças a Deus, posso fazer isso. E quem não tem dinheiro para pagar esse tratamento, faz o quê?" Então, o médico respondia: "Ah, Leandro, nem queira saber o sofrimento que é para quem não pode ter acesso a isso."

Foi então que meu irmão pensou em criar uma instituição para ajudar as pessoas que precisavam se tratar fora de casa mas não tinham condições para isso. O Leandro falou tanto nisso e não teve tempo de fazer. Assim, quando ele se foi, nossa mãe decidiu realizar o sonho dele e criou a Casa de Apoio São Luiz, em Goiânia. O nome São Luiz é uma homenagem a ele, porque o nome de batismo do Leandro é Luiz.

Lá as pessoas têm um lugar para ficar com acompanhante, transporte para o hospital, alimentação, apoio psicológico, e as crianças têm aulas para não perder o ano.

Eu recebo ajuda de muitos amigos para manter esse trabalho. Temos voluntários que nos auxiliam. Minha mãe e minhas irmãs se dedicam totalmente à Casa de Apoio. Faço shows, leilões, pago do bolso o que tiver que fazer para manter essa casa. Pra mim é muito importante, porque, além de ajudar muita gente que precisa, sinto-me perto do Leandro. É como se ele estivesse com a gente nesse projeto.

Mas olha, antes de tudo isso, no dia em que fiquei sabendo do câncer dele, meu mundo desabou, eu não queria acreditar no que estava acontecendo. Mas reagimos com fé em Deus, toda a família e os amigos. Leandro acreditava totalmente no tratamento e na cura, jamais pensou que poderia perder a vida.

Aliás, o que mais me marcou e me impressiona até hoje foi a coragem do meu irmão. Realmente, o Leandro era sinônimo de coragem. Foi ele quem ergueu a cabeça, enfrentou a doença, raspou o cabelo quando começou a quimioterapia e deu força para toda a família.

Nesse sentido, ele estimulou em nós a fé e a esperança de que nada de ruim iria acontecer. Jamais baixou a cabeça, sempre alegre e brincalhão. Cantava todos os dias no hospital.

Meu pai e minha mãe também foram exemplos para todos nós. Principalmente minha mãe, que é uma fortaleza de mulher. Ela nunca deixou que ninguém chorasse ou se lamentasse na frente dela. Pedia só que rezássemos muito e tivéssemos fé em Deus. Além disso, depois que ele se foi, ela teve força para dizer que era muito agradecida a Deus por ter tido o privilégio de conviver 36 anos com aquele filho – um presente maravilhoso de Deus à nossa família. Todo mundo ficou muito sensibilizado e sem acreditar. Depois, todos queriam fazer alguma coisa para ajudar. Ficaram muito próximos de nós, tentando nos dar força.

Nós recebemos muitas cartas, faxes e telefonemas de todo o Brasil, diariamente. Formou-se uma corrente de oração no país pela cura do Leandro. E o que mais nos emocionou foi ver aquela multidão todos os dias na frente do hospital, sem arredar pé por nada deste mundo. Era uma coisa impressionante. Não tínhamos noção do tanto que as pessoas gostavam de nós. Nem passava pela nossa cabeça que tínhamos tantos fãs em São Paulo. Foi um susto, uma surpresa muito boa.

Aquilo ajudou demais o meu irmão, ele se sentiu muito amparado pelo carinho das pessoas. Acho que até por isso eu gosto tanto de São Paulo. Lembro de um dia em que ia ter jogo do Brasil (era ano de Copa do Mundo) e o Leandro estava em casa. Um grupo de pessoas estava em frente ao prédio chamando por ele. Então, num gesto espontâneo, meu irmão se enrolou na bandeira do Brasil e foi até a varanda do apartamento cumprimentar o pessoal. Ele já estava de cabeça raspada e não teve o menor constrangimento de se expor. Falou para as pessoas irem assistir ao jogo, que ele estava bem. Esta imagem ficou gravada na memória de todos nós.

Na minha memória também estão gravados os desafios dessa experiência. E foram muitos. Primeiro, encarar a doença do meu irmão, acreditar todo dia que ele ia ficar bom. Nós nunca perdemos a esperança, e ele também lutou até o fim. Depois, ter que esconder do Leandro o quanto eu estava arrasado. Eu não queria que ele sofresse, não podia vê-lo sem depois chorar, escondido. Era realmente doído demais. E eu não podia deixar que ele percebesse o quanto eu tinha medo.

Assim, depois que ele se foi, eu perdi a graça de viver. Para mim foi como se tudo tivesse acabado naquele dia. Ter que olhar para a frente, recomeçar minha carreira sem ele, tocar a vida de novo, tudo isso, sem dúvida, foi meu maior desafio. E sem o apoio da nossa família e do nosso público eu jamais teria conseguido. Tive que me tornar o único responsável pela minha carreira e pela minha família. Era o Leandro quem cuidava de tudo e de todos. E eu precisei seguir em frente, porque também sei que essa era a vontade dele. Nos meus sonhos ele me pedia para não deixar acabar tudo o que a gente construiu juntos. Eu me conforto achando que ele está feliz com a minha decisão e com a forma como estou levando as coisas adiante.

E aqui, realmente tocando as coisas, fico pensando que essa doença provoca uma situação extrema, muito difícil mesmo. Só quem passou sabe. Se existe alguma coisa boa que se pode tirar, é a solidariedade das pessoas, o carinho e o apoio que você recebe de tanta gente, até de quem não conhece. É incrível como o povo brasileiro é solidário e quer ajudar de qualquer jeito. E essa ajuda faz você sentir que não está sozinho.

Outra coisa boa é a união da família – os laços se fortalecem. Parece que os sentimentos ficam mais fortes. Ah, e eu fico feliz por ter dito para o meu irmão o quanto o amava e o quanto ele era importante para mim e para todos nós.

*"O que mais me marcou e me impressiona até hoje foi a coragem do meu irmão. Realmente, o Leandro era sinônimo de coragem."*

*Leonardo*

Arquivo pessoal

*Hélio Kestelman e Iane Kestelman*

## *Hélio Kestelman, executivo*

*com a colaboração de sua esposa Iane Kestelman, psicanalista*

Há quatro anos surgiu um sinal no peito do meu marido. Na época, ele tinha 60 anos.

Um dia, ele estava sem camisa, eu reparei que havia esse sinal no peito, muito pequeno. Parecia uma verruga, mas era uma pinta e tinha uma cor meio caramelada. Observei: "Você não tinha essa pinta aí..." Sugeri que ele fosse a um dermatologista.

Como já tinha consulta marcada na semana seguinte, ele aproveitou e me acompanhou. No consultório, analisada a pinta, a médica observou: "Isso é só um sinalzinho, você é cheio de sinais porque você é muito claro mesmo." No que meu marido retrucou: "Mas eu carrego os mesmos sinais há muitos anos, este é novo."

A dermatologista comentou que aquilo era uma bobagem, que ele não se preocupasse: "Para você ficar tranqüilo, vou cauterizar esse sinal e ele irá desaparecer." Nesse ponto, aparentemente o problema tinha desaparecido.

Dois ou três meses depois, percebemos que o sinal estava lá, de novo, no mesmo local. Perguntei ao meu marido:

– Você não reparou que aquele mesmo sinal reapareceu do mesmo tamanho, com a mesma coloração, igualzinho?

– Ah, não deve ter sido cauterizado corretamente. Não deve ser nada.

Preocupada, eu disse que seria interessante que ele voltasse à médica, mas ele achou que não era motivo para se preocupar mais uma vez.

Tendo em vista que o sinal havia reaparecido e ele não estava mais se preocupando, e como a médica tinha dito que não era nada de mais, confesso que também relaxei.

Um ano após aquela consulta de cauterização o sinal já estava maior, só que agora não era mais um sinalzinho. Já apresentava um pequeno relevo e a coloração estava mais escura, semelhante aos sinais de nascença que a maioria das pessoas possui.

– Você não está vendo que esse sinal está crescendo e tomando uma aparência diferente?

– Você cismou com esse sinal. Semana que vem eu tenho que fazer um check-up com o meu clínico e vou mostrar para ele.

Na consulta, o clínico geral informou que aquilo não era nada, que ele era muito claro, que aquela pinta era normal no caso dele, enfim, disse a mesma coisa que a dermatologista. O clínico também não achou necessário qualquer providência e nem mesmo pediu uma biópsia.

Já em casa, após a consulta, fiquei mais uma vez preocupada e sugeri que ele fosse a outro médico, mas ele dizia que já tinha ido a dois médicos e que tudo aquilo estava se transformando numa paranóia. Resolvi então me desligar do assunto.

Dois anos após a primeira consulta, eu e meus filhos nos assustamos quando verificamos que a tal pinta estava maior do que antes, literalmente preta, com uns contornos sem forma. Este fato me recordou uma foto de melanoma que eu tinha visto muitos anos antes no cartaz de uma campanha contra o câncer de pele.

– Você está com melanoma – concluí.

Meu marido, claro, ficou muito nervoso:

– Como é que você fala uma bobagem dessas? Você tem noção do que está dizendo? Você não é médica, melanoma é uma doença gravíssima. Você está assustando a todos. De onde é que você está tirando isso? Tudo bem, tudo bem, vou voltar ao clínico, só para você esquecer essa história de uma vez.

Na consulta, aquele mesmo clínico, verificando novamente o sinal que supúnhamos ser um melanoma, agora num estado bem mais avançado, concluiu não ser nada relevante e que meu marido não precisava nem mexer naquilo, que não pensasse mais nisso.

Sabendo que eu não me daria por satisfeita, meu marido colocou o clínico para falar comigo pelo telefone, para que eu me convencesse de que não havia nada de errado:

– Seu marido está ótimo, você está vendo chifre em cabeça de burro.

Passados poucos meses, insisti que ele ouvisse outros médicos. Numa consulta com um cirurgião plástico também foi dito que não era nada, que ele ficasse tranqüilo. Eu perguntei ao médico:

– Será que não seria melhor fazer uma biópsia, só para tirar a dúvida?

– Claro que não, eu tenho experiência, isso não é nada.

Depois de uma consulta com a dermatologista, duas consultas com o clínico, uma consulta com o cirurgião plástico, ou seja, depois de dois anos e meio (olha só quanto tempo havia passado...), aquele sinal horrível, com uma cara reveladora, continuava lá. Apesar de tudo, insistíamos para que ele ouvisse outras pessoas, de preferência um especialista em câncer de pele.

Tempos depois (só para lembrar, dois anos após o surgimento do sinal), ele tinha uma consulta marcada com um gastroenterologista para quem também foi mostrado o sinal:

– Olha, estou lhe mostrando esse sinal aqui porque a minha mulher está falando há dois anos sobre essa história.

– Não é a minha especialidade, mas pelo que eu conheço de Medicina isso aí não é nada.

Nesse percurso o tempo passou ainda mais.

Três meses depois dessa consulta, graças a Deus, um acidente em um dedo conduziu meu marido a uma jovem dermatologista, extremamente séria, criteriosa e estudiosa. Liguei para a médica:

– Doutora, meu marido provavelmente vai lhe mostrar somente um pequeno machucado em um dedo. Contudo, ele tem um sinal no peito, altamente suspeito. Gostaria que você verificasse do que se trata. Há anos, vários médicos têm dito que não é nada. Estou griladíssima. Será que você pode pedir a ele para lhe mostrar esse sinal? Você pode até mesmo dizer que fui eu que falei.

– Claro, sem problemas – respondeu a médica.

Analisado o sinal, sem querer assustá-lo, ela disse:

– Olha, vou dar um crédito para a sua mulher. Só para ficarmos tranqüilos, vou pedir uma biópsia.

Uma semana depois da biópsia, ela me liga e diz:

– Seu marido realmente está com um melanoma. Já está com ele há algum tempo. É do nível três, supergrave.

Aprendemos que o de nível um é o mais leve – estágio que apresentava quando o descobrimos. A dermatologista também informou que seria prudente tirar o tumor o quanto antes.

Com essa orientação, ligamos imediatamente para um cirurgião altamente recomendado. Sua secretária nos disse que ele só poderia nos atender em uma semana.

Insistimos que não poderíamos esperar mais nem um minuto sequer, em face da gravidade da doença. Buscamos um contato direto com o cirurgião, que, entendendo a seriedade do relato, nos atendeu já no dia seguinte, quinta-feira. Não havia tempo a perder. Sábado, meu marido já estava sendo operado.

– Preciso lhe dizer uma coisa. A senhora salvou a vida do seu marido. Mais um pouco e provavelmente não teríamos quase nada a fazer.

Felizmente, depois de vários exames, três níveis de biópsia do tumor retirado, foi constatado que o mesmo não apresentava metástase, estando circunscrito à região da pele. Por pouco não entrou na corrente sangüínea.

Como ensinamento, inferimos que qualquer sinal que aparece atualmente no meu marido constitui um alerta. Ficamos atentos, vamos investigar, mesmo que digam que é bobagem.

O que mais nos assusta são as histórias de negligência dos médicos.

Quando comentamos que ele tinha apresentado um melanoma, nenhum daqueles médicos que disseram que ele não tinha nada fez um *mea culpa*. O máximo que um deles disse, em tom de surpresa, foi: "Caramba!"

É claro que era complicado para meu marido acreditar em mim quando tantos profissionais conceituados diziam o contrário.

Muitas perguntas deixaram de ser feitas na época, quando havia a suspeita do melanoma: "Há quanto tempo esse sinal apareceu? Mudou de característica? Coça? Tem algum caso de câncer na família?"

Um dado importante: meu marido tem a pele muito clara e olhos azuis; o pai dele era russo. Somos casados há 25 anos. Durante esse tempo, vi que ele nunca teve restrição ao sol. Ele não se cuidava em relação a isso. Soube depois que ele pode ter desenvolvido esse melanoma, provavelmente pelo acúmulo de carga solar ao longo desses anos, ou por causa de um único dia em que se expôs muito ao sol, o que já era suficiente para produzir uma alteração que só se manifestaria 20 anos depois.

O fato é que, se eu tivesse tido um melanoma, além de todos os exames de rotina necessários, faria também diferentes exames a cada ano, por segurança. Quase nenhum médico pede esse tipo de exame, mesmo quando o paciente já teve câncer.

Na escolha de um médico, eu tomaria muito cuidado. Se me dissessem: "Olha, ele cuidou da minha mãe e acertou em cheio", aí eu consideraria a possibilidade de me consultar. Acho que os médicos não podem olhar para o paciente como se ele fosse um mero corpo ou apenas uma parte dele. Dentro desse corpo tem gente, e gente merece respeito, merece ser escutada. A sensação que tenho é que aqueles médicos não olharam o meu marido – eles olharam um sinal, e olharam mal. Ao contrário, se tivessem conversado com ele, se tivessem perguntado se ele tinha se exposto muito ao sol ao longo da vida, se tivessem dialogado com ele, tudo teria sido menos dramático.

Entendo que em Medicina não se acha nada. Não existe "achismo". A Medicina tem que ser baseada em evidências, ou seja, o médico olha para alguma coisa no paciente, identifica o que é ou o que pode ser, explica o motivo do diagnóstico ou da suspeita e finalmente comprova.

Reconheço que, apesar de tudo, existem profissionais maravilhosos, muito humanos e realmente capazes. Contar com eles, identificá-los, saber escolher esses médicos, e em casos que podem ser graves sempre ouvir diferentes opiniões, desconfiando de todo tipo de saber absoluto, desconfiando de quem não tem dúvida nunca, buscar informação, saber o que fazer com ela – tudo isso faz toda a diferença na vida da gente e das pessoas que amamos.

Geraldo Viola / Agência JB

Arquivo pessoal

*Janete Clair e Denise Emmer (foto menor)*

# *Janete Clair*, *novelista*

*por sua filha* Denise Emmer, *poeta e musicista*

Só soube que minha mãe estava com câncer depois que ela fez a terceira cirurgia, quando a doença já estava num estágio bem avançado. Meu pai (o dramaturgo Dias Gomes) achava que eu e meus irmãos não tínhamos maturidade para entender e assimilar a gravidade do fato. Pensava que nós não saberíamos lidar com uma situação tão difícil, que nos descontrolaríamos, nos derramaríamos em lágrimas, e assim só pioraríamos tudo. Na época eu tinha uns vinte e poucos anos. Ela morreu em 1983. Não acho que o fato de ser muito jovem implica necessariamente uma atitude menos controlada do que a de quem teoricamente é mais velho. Não estou julgando a atitude dele, sei que sua intenção foi nos poupar; acho, no entanto, que todos temos o direito de saber que alguém tão próximo e querido está muito doente. E, então, eu teria aproveitado muito mais a presença de minha mãe se soubesse desde o início que ela tinha uma doença terminal.

Ela teve um câncer de intestino, na região bem baixa, no reto. Quando fez a primeira cirurgia, retirou a parte lesada e ficou relativamente bem por mais de um ano. Minha mãe nunca parou de trabalhar, nunca deixou de escrever, sua cabeça estava sempre funcionando, o tempo todo.

Então, ela teve esse período de relativa melhora. Depois, começou a sentir-se novamente incomodada. Ela reclamava de supostas dores na coluna e na parte baixa do abdômen. Por isso, passou a usar uma almofada para se sentar e escrever, e a levava até para restaurantes. Na realidade, essas dores significavam que o tumor já estava próximo da coluna.

Assim, ela fez no Samaritano, em 1982, a segunda cirurgia, que durou 12 horas. Horas terríveis. Ela quase morreu nessa cirurgia, ficou em choque, teve que receber oito litros de sangue, foi horrível. E, pasmem, eu ainda não sabia que minha mãe tinha câncer. Mas, por todo o contexto, eu já desconfiava que de fato era algo muito sério. Depois dessa segunda cirurgia, que foi longa, ao ver o estado em que ela saiu do centro cirúrgico, me certifiquei de que estava muito doente, não havia mais como meu pai esconder a verdade da gente. Mas a palavra "câncer" não vinha à minha mente. Não me lembro do que o meu pai dizia. Só sei que, até essa segunda cirurgia, ele justificava tudo como uma coisa simples, passageira.

Mais adiante, ela começou a fazer radioterapia no INCA. E passou a sofrer muitos efeitos colaterais. O organismo não suportava nada que ela comia, e o intestino já não funcionava direito. Minha mãe nunca mais se recuperou totalmente. E foi caindo, caindo, caindo, emagrecendo muito, porque praticamente não conseguia se alimentar, se queixando muito de enjôos e dores em várias regiões do corpo.

Então, o seu médico (com quem eu vim a namorar e hoje é o meu marido) conversou com meu pai e o convenceu a contar tudo para nós. E, é claro, ficamos ainda mais tristes. Mas combinamos jamais pronunciar a palavra "câncer" na frente dela, porque seria o golpe final, o fim da esperança.

E ela foi piorando a cada dia. Nós morávamos numa casa cheia de escadas, na Lagoa. Cinco escadas. E ela, que já estava muito debilitada, começou a ficar ainda mais cansada, com uma dificuldade enorme de se locomover, enfim, de continuar morando lá. E aquela casa também era muito recuada, muito encastelada, numa rua onde só passavam carros e mais carros, muito distante das pessoas, distante de tudo.

Naquela casa, mesmo sem falar no assunto, mamãe tinha consciência de que a sua situação era muito grave. Então, externou o seu último desejo: morar de frente para o mar. Então, papai alugou um apartamento no Leblon, na Delfim Moreira, de frente para aquele mar lindo, com uma vista maravilhosa, no primeiro andar. E aquela mudança deu um grande alento, aquela atmosfera de maresia devolveu um ar de alegria à vida de minha mãe e também às nossas.

Lá, naquele apartamento, ficamos próximos de pessoas, próximos de tudo, próximos da vida.

Mamãe tinha um lado de dona-de-casa muito ativo, chegava a ser perfeccionista. Ela adorava comprar móveis, mudar a decoração, comprar objetos para o apartamento, cuidar dos detalhes, essas coisas. E, nesse período, no apartamento do Leblon, nós fizemos muitas compras juntas. Foram momentos muito felizes, uns dois, três meses de alento, apesar de ela se sentir mal de vez em quando.

Até que a moléstia a dominou e ela começou a ficar muito, muito pior. Por várias vezes ela disse que não agüentava mais. Era bem difícil. Eu me aproximei ainda mais de minha mãe por causa dessa doença. Ela era a pessoa que eu mais amava no mundo. Desde criança, sempre fomos muito apegadas, muito mesmo. Chegava a agarrar na saia dela e chorava muito, berrava muito. Às vezes eu berrava e chorava até ela voltar do cinema, do teatro, de onde tivesse ido. Nessas horas, costumava ficar com a minha avó Alice, mãe do meu pai, uma pessoa muito importante em minha vida. E eu chorei e berrei por causa das saídas da minha mãe até os 10 anos de idade. Achava que, quando saísse de casa, ela não voltaria mais. Tinha muito medo de perdê-la.

Ficar sem minha mãe, para mim, seria a pior coisa que poderia acontecer no mundo. E acabei perdendo-a tão cedo. Ela não viu o meu amadurecimento. Não me viu crescer, não me viu casar, não viu a maioria dos livros que eu publiquei, as músicas que compus, não viu meu filho, o Arthur, não viu nem compartilhou tantas coisas importantes da minha vida. Ela morreu quando eu estava me formando em Física. Tem muito de uma Denise que ela não conheceu. Na época em que faleceu, eu ainda estava um pouco perdida profissionalmente, ainda não tinha encontrado um caminho. Resolvi fazer Física por amor à Astronomia, fascínio pela ciência, e quem sabe para seguir um outro rumo que não fosse o da arte, comum na minha família. E, como física, cheguei a trabalhar na área de pesquisa em energia solar.

Por falar em energia solar, minha mãe era o sol das nossas vidas, a estrela central do sistema da nossa família. Gostávamos de estar sempre juntos, gostávamos de almoços aos domingos, reunindo também todos os amigos e pessoas queridas em geral. Ela gostava muito de receber as pessoas. Era muito amável, muito gentil e muito mãe. Antes de ser escritora, era mãe. Sua grande vocação era a maternidade. Por isso ela quase morreu quando meu irmão caçula, o Marcos, faleceu, aos dois anos e meio. Minha mãe enlouqueceu, batia com a cabeça na parede, perdeu o controle de tudo. Quem a manteve viva, quem a segurou mesmo, fomos nós, seus outros filhos, que ela precisava criar.

Meu irmão morreu ninguém sabe ao certo por que motivo. Acho que ela nunca mais se recuperou dessa perda. Ele estava com uma gripe, muita tosse e respirando com dificuldade por causa de uma bronquite. Então, num domingo, meus pais foram levá-lo ao hospital. E eu e Alfredo, meu outro irmão, pedimos para ir junto, simplesmente para passear de carro. O combinado foi este: a gente ia levar o Marquinhos para tomar um remedinho no hospital e depois, na volta, faríamos um lanche no Bob's. Então meu pai apareceu na sala de espera do hospital, lívido, dizendo que o nosso irmão havia falecido.

Foi mesmo por muito pouco que mamãe não morreu de tristeza. Existe uma teoria que diz que o câncer provém de uma angústia muito profunda. Há controvérsias sobre essa teoria, claro. Mas, se existe um fundo de veracidade nessa história, a perda do filho acabou com a vida dela.

Além da família, o trabalho a ajudou a sobreviver a essa perda terrível. Depois disso, ela ainda escreveu todas as suas novelas, completamente absorvida nas suas personagens, nas suas tramas, nas suas histórias, mesmo quando estava muito debilitada, quando praticamente não tinha mais forças para nada. Até o último momento de vida, em 1983, ela escreveu o capítulo da novela. Ela ditava e o meu pai escrevia, junto com a Glória Perez, que era sua colaboradora.

No curso de nossas vidas, sempre que terminava uma novela, ela voltava para a gente com ainda mais amor e entrega. Ela era uma mãe maravilhosa mesmo. E nós tínhamos uma proximidade física muito grande. Vivíamos nos abraçando, nos beijando, com muito afeto.

Além de tudo, algo espantoso ocorreu na época em que ela já estava no estágio terminal. Como eu já disse, apaixonei-me por um dos seus médicos, sendo correspondida na mesma medida, e o amor anestesiou um pouco a minha dor. Não sou mística; meu pai era ateu; eu estudei Física. Mas o fato é que para mim seria uma coisa tão insuportável perder a pessoa que eu mais amava no mundo que eu sinto que minha mãe suavizou o meu sofrimento dando-me o amor do Germano, que, também como já disse, se tornou meu marido e é pai do meu filho. Vivi intensamente sentimentos opostos: a dor e a tristeza profundas da perda e a alegria e o prazer enormes de encontrar um homem que deu sentido aos meus dias. É como se ela o tivesse deixado para mim.

Sabe, é a primeira vez que falo tanto sobre esta história tão difícil. Outro fato interessante é que, depois que ela faleceu, a família toda resolveu ficar na praia, em frente aonde morávamos, no Leblon. Depois que ela se foi, passamos a ir à praia todos os dias, durante meses. Chegávamos à praia às nove horas da manhã e saíamos de lá às seis da tarde, quando o sol baixava. Meu irmão Guilherme e eu compramos um caiaque e passeávamos pelo mar, além das ondas. Ficamos todos bronzeados, com aparência saudável. Tínhamos vontade mesmo de nos alienar. É claro que muitas vezes, na praia, ou em outros lugares, nesse período, acabávamos desabando. Mas acho que, mais do que nunca, estávamos ansiando pela vida. Cada um tem uma forma de lidar com a perda, o sofrimento, a dor. A nossa foi essa. Acho que, ao final de tudo, cada um precisa encontrar seu próprio modo de minorar a dor, ou ficar muito próximo da pessoa que ama, dando-lhe toda a atenção, enfim, não importa onde more, não importa o que faça, cada qual precisa encontrar as suas próprias janelas do Leblon. O mais importante, acima de tudo, é buscar a vida.

*"Minha mãe era o sol das nossas vidas, a estrela central do sistema da nossa família."*

*Denise Emmer*

Arquivo pessoal

Arquivo pessoal

*Sérgio Machado (também na foto menor)
e Alfredo Machado*

# *Alfredo Machado*, *editor*

*por seu filho* *Sérgio Machado*, *diretor-presidente da Editora Record*

Sabe, acho que a perda do pai é permanentemente igual na vida da gente, ela é linear. Com o tempo, a mãe vai mudando de papel, vai mudando de funções com o menino. É claro que também é horrível perder a mãe, principalmente se o filho ainda é uma criança. Mas perder o pai provoca na gente, sobretudo no homem, uma falta que não termina nunca. Sem o pai, o homem perde a sua própria referência, é muito difícil mesmo. Não é que ame mais um do que o outro, só acho realmente que, de alguma forma, o filho se desapega da mãe e cria a sua própria identidade, mas com o pai é diferente. É para o pai geralmente que o filho pega o telefone e liga para tirar uma dúvida, é a ele que procura para ouvir um conselho e tudo mais. Acho que, a partir de uma certa idade, a mãe reverte o papel, é ela que liga para o filho para pedir conselho. Mas essa é uma observação minha, apesar de já ter constatado esse mesmo sentimento em pessoas próximas a mim. A perda do pai tira o seu chão. Só que isso varia de pessoa para pessoa, de relação para relação, de circunstância para circunstância, claro.

Por isso, não me surpreende o fato de que o Ilan Gorin tenha ficado realmente muito abalado com a perda do pai dele, a ponto de idealizar o projeto deste livro.

No caso do linfoma primário no cérebro, a expectativa de sobrevida, segundo a literatura médica, é de 13 a 17 meses, a partir do diagnóstico. A sobrevida do meu pai foi de 13 meses, desde que ficou sabendo que tinha câncer.

Em 1989, ele começou a se sentir mal, mais cansado. Então, o meu pai descobriu que estava com um entupimento de artéria e foi operado pelo Dr. Adib Jatene, colocando uma ponte de safena. A cirurgia foi um sucesso, perfeita.

Por conta dessa cirurgia, o meu pai não foi à Feira do Livro de Frankfurt naquele ano. Foi a primeira vez que fui sozinho. Mas, antes disso tudo acontecer, ele tinha pensado em fazer um check-up na Suíça e voltar com a minha mãe de navio, da Itália para o Brasil. Com a passagem já comprada, sentindo-se bem e em franca recuperação, decidiu fazer essa viagem.

Entretanto, pouco depois de voltar ao Brasil, ele passou a se queixar da visão. Achava que a lente de contato estava com algum problema, trocou a lente, mas não adiantou nada, quase bateu o carro. Depois se perdeu, na saída da Bienal do Livro, e caminhava também com pouco equilíbrio. Enfim, começou a acontecer uma série de episódios estranhos. Então achamos que esses fatos poderiam ser algum efeito do pós-operatório.

Nessa ocasião fui passar as festas de final de ano nos Estados Unidos, onde estava minha filha mais velha, e, pelo telefone, meu pai me disse que seu cardiologista havia revelado que o problema não era coração – o problema, na realidade, era neurológico, confirmado numa tomografia realizada pelo Dr. Paulo Niemeyer. Nessa conversa, no meio de uma frase, ao telefone, meu pai parou de falar comigo... Ele teve uma espécie de ausência.

Voltei para o Brasil, e o resultado dos exames foi que o meu pai tinha sido diagnosticado com um possível glioma no cérebro. Imediatamente nós fomos para a Clínica Mayo, uma das maiores e mais completas dos Estados Unidos, consultar o médico recomendado pelo Dr. Paulo Niemeyer, o único que, segundo o próprio Niemeyer, seria capaz de confirmar o diagnóstico de forma definitiva e, se fosse o caso, operar aquele tipo de tumor.

Assim, lá na Clínica Mayo, fomos atendidos pelo especialista, o Dr. O'Neill, e por seu assistente, o Dr. O'Brien , um rapaz de vinte e poucos anos. Foi esse rapaz que fez os exames no meu pai. Eu estava naquela do cara que vai ao dentista: você vai lá para sair melhor, né? Você não quer sair igual ou pior. Quando vamos ao dentista, queremos sair do consultório nos sentindo bem melhor e, se possível, com os dentes branqueados.

Perguntei ao médico quanto tempo demoraria para o meu pai melhorar, para ele ficar bom, quando poderíamos sair da clínica, coisa e tal. E ele usou uma frase, que acabei adotando como a Lei de O'Brien aqui na editora, que é a seguinte: "Na neurologia, a nossa vitória é manter o paciente no estado em que ele está." Em outras palavras: não reclama, não, que as coisas podem piorar. E de fato a história é por aí. Isso é muito frustrante, em qualquer tipo de situação, claro.

Frustrações à parte, o Dr. O´Neill foi fazer uma biópsia, e o método era dividido em duas etapas. Na primeira, ele colocava uma espécie de capacete no paciente, literalmente pregado na cabeça da pessoa, para não sair do lugar, e esse capacete fazia uma tomografia totalmente computadorizada no cérebro, a fim de encontrar o caminho perfeito para o médico colher o material onde fosse necessário. É um mapeamento preciso, para que o médico faça o mínimo de estrago no cérebro do paciente.

Depois desse exame, foi diagnosticado que o meu pai tinha um linfoma possivelmente primário no cérebro. Segundo os médicos, isso era extremamente raro. Então, o Dr. O'Neill me explicou que aquele tumor era como se fosse uma mancha e que não seria possível limpá-la porque, para isso, seria preciso raspar o cérebro, o que obviamente não era interessante.

Dessa forma, depois de fazer quimio e radioterapia, os médicos nos disseram que seria necessário fazer um acompanhamento. O meu pai se considerava curado. E de fato ele parecia melhor. Mas, pouco depois, ele deu uma piorada muito grande. Um dia, em São Paulo, passou muito mal e chegamos a levá-lo ao Hospital do Coração porque achamos que ele provavelmente teria se descuidado do problema cardíaco, por conta do tumor.

Ele passou um mês em São Paulo (em 1990) se recuperando, com o acompanhamento de um oncologista. E foi aí que percebemos que a quimioterapia é a arte do veneno na quantidade suficiente para combater o câncer. Se você puser demais, mata o paciente.

Após esse período, meu pai piorou ainda mais. Ele passou a ter muita dificuldade de saber onde estava. Houve, por exemplo, uma cena engraçada, se não fosse trágica. Eu me lembro que o meu pai estava na casa dele, que é no Rio de Janeiro, e me dizia assim: "Este hospital aqui é ótimo. Sabe o que eles fizeram? Eles fizeram um banheiro igualzinho ao lá de casa." Ele reconhecia o banheiro, mas não a casa. E não adiantava explicar a ele. Às vezes ele também me ligava e dizia: "Estou em São Paulo." Tentar argumentar não funcionava: "Não estão aí do seu lado o fulano, o beltrano? Será que você não está em casa, pai?" Mas realmente não adiantava argumentar.

No meio disso tudo, um oncologista paulista que estava tratando dele me disse que a única possibilidade para o meu pai era um transplante de medula em Washington, nos Estados Unidos. Depois de pesar os prós e os contras, percebi que o máximo que eles poderiam fazer era mantê-lo naquele estado. Só que, felizmente, não tive tempo para tomar uma decisão tão difícil, de operar ou não o meu pai, porque ele morreu logo depois, em fevereiro de 1991.

O meu consolo foi o rei Hussein. Depois que o meu pai morreu, o rei Hussein também teve um linfoma primário no cérebro, foi tratado na Clínica Mayo, fez um transplante de medula, mas acabou morrendo na mesa de cirurgia. Não podemos dizer que foi por falta de algum recurso, certo? E ele morreu depois do meu pai, ou seja, provavelmente a Medicina já estava mais adiantada, com novas tecnologias.

O que entendi dessa experiência de câncer no cérebro é que a cura só pode ser conseguida por cirurgia. Se não puder operar, acho que a única coisa que podemos fazer é prolongar a vida da pessoa, de preferência com dignidade.

Sensibilizado com a experiência do meu pai, depois que ele faleceu, li um livro muito bom sobre melanoma, câncer de pele extremamente letal. E, curiosamente, a minha mulher foi passar uns dias com a nossa filha, que mora na Califórnia. Bem, lá na Califórnia, as escolas ensinam às crianças a identificar o melanoma. E a Izabella, como não via a mãe há algum tempo, pôde identificar uma pinta muito estranha nas costas dela. Minha filha insistiu muito para que ela fosse a um médico, já que aquela pinta estava mesmo muito esquisita e se encaixava com o que ela tinha aprendido em sala de aula, nos Estados Unidos. Então, no Brasil, minha mulher tinha que levar nossa outra filha ao dermatologista, pegou carona na consulta e descobriu que realmente estava com um melanoma. O médico disse para ela: "Temos que tirar isso aí agora." Assim, fez uma cirurgia, tirou um verdadeiro filé das costas dela para fazer a biópsia, diagnosticou o tumor e depois fez uma segunda operação – não encontrou mais nada e ficou monitorando tudo.

Nessa época, em 1996, minha mulher tinha 45 anos. O tumor dela, maligno, estava no nível dois. E olha que, de início, minha mulher não queria fazer o exame. A minha filha insistiu muito para que ela fizesse, baseada nas informações que havia obtido na escola.

Acima de tudo, acho que nós temos de ter uma atitude positiva diante do câncer. É difícil ter essa atitude depois que se recebe uma espécie de sentença de morte. Eu me lembro agora de uma história que aconteceu com o Rubem Braga. O Rubem foi diagnosticado com câncer na laringe. Quando soube que estava doente, ele disse que não ia se tratar e também disse que queria ser cremado. Só que, na época, não havia crematório no Rio de Janeiro. Então o Rubem foi a São Paulo para se informar sobre as providências necessárias para ser cremado. A pessoa que o atendeu logo perguntou: "Onde é que está o defunto?" "Está falando com ele", respondeu o Rubem, com aquele seu humor único e original.

O Rubem Braga conseguia, mas é difícil alguém manter o humor diante de um câncer. Esse é um desafio, sem dúvida. Enfrentar a morte à prestação, encarar uma perda gradativa, recuperar a capacidade de viver. O câncer do Waly Salomão, por exemplo, foi muito rápido, muito devastador. Ele morreu pouco tempo depois de saber que estava doente. Fico pensando e acho que, quando o desfecho é fatal, talvez seja menos pior morrer mais rápido, sem aquele massacre da degradação, dia a dia, pelo qual passam tantas pessoas. De todo modo, acho que temos de ter uma atitude e um pensamento positivos para enfrentar a doença, e também muito amor para acompanhar uma pessoa querida e passar essa positividade a ela. É uma experiência muito difícil, muito dura, muito violenta, mas, de um modo ou de outro, é preciso encontrar essa positividade.

Esse câncer ter atingido o meu pai no cérebro foi uma coisa terrível. A Maria do Carmo, minha mulher, disse uma coisa muito interessante: o linfoma primário no cérebro do meu pai tinha sido equivalente ao acidente do João do Pulo, que perdeu a perna, órgão pelo qual ele se destacou no mundo todo. De fato, sua inteligência, que a todos encantava pelo brilhantismo, foi sendo roubada aos poucos, uma perda muito violenta. O meu pai gostava muito da Rafaella, minha filha caçula. Ela tinha cinco anos, na época, e às vezes brincava de dizer que estava dando remédio para ele, que as massinhas eram o remédio do vovô. E levava as massinhas para o meu pai tomar. Todo mundo ria, o meu pai ria, era uma festa. Um dia, quando vi, meu pai estava prestes a engolir as massinhas, achando que eram remédios mesmo. Isso foi muito triste. Essa perda da capacidade de interagir com a realidade, para mim, é uma das piores coisas que podem acontecer a alguém.

O grande problema do câncer não é o desfecho – é o durante. No caso do meu pai, acho que o diagnóstico foi irrelevante, pois ele morreria de qualquer jeito. No caso da minha mulher, foi vital. O diagnóstico a salvou, pois o caso dela era cirúrgico. Enfim, depende de pessoa para pessoa, de caso para caso, de circunstância para circunstância.

Para mim, o que fica de tudo isso é o quanto a vida é efêmera e preciosa. E nós temos que aproveitá-la o máximo possível.

Mônica Imbuzeiro / Agência O Globo

*Carlos Lessa*

# Carlos Lessa,

## *economista, ex-presidente do BNDES*

Descobri que tinha câncer em 1997. E a verdade é que, antes disso, fui muito irresponsável. Estava com um caroço no pescoço e achava que era por causa de uma infecção em algum dente. Tenho medo de ir ao dentista e fui adiando a minha consulta. Até que um dia fui ao dentista e ele me disse que os meus dentes estavam todos ótimos. Então fui ao meu clínico geral e ele me recomendou que fizesse um check-up. Nos exames, em vez de encontrar um só caroço, encontraram quatro. Imediatamente fiz uma punção, foi diagnosticado o câncer e tive que extraí-lo.

Era um câncer linfático, no pescoço. Depois eu soube que esse tipo de tumor nunca é o primário da linfa, é sempre derivado de uma outra região do corpo. Há sempre um tumor primário, vindo de outra região, que produz o câncer linfático. E fiquei sabendo também que, geralmente, esse primário é muito pequeno, extremamente virulento e muito difícil de ser detectado. Normalmente ele está na área da cabeça e do pescoço.

Então, constatado o câncer, parti para a cirurgia. Quem me operou foi o meu velho amigo Jacob Kligerman, especializado em cabeça e pescoço. Ele extraiu a minha cadeia linfática quase toda. A cadeia linfática projeta-se do couro cabeludo. E, além disso, por comprometimento, uma jugular minha foi desviada e seccionou uma porção de músculos que estão ligados à tração de um dos meus braços.

Bem, o tumor espalhara-se pelos vasos linfáticos. A partir daí fui submetido a uma poderosa quimioterapia combinada com uma radioterapia ainda mais forte. O resultado desse processo violento foi que fiquei muito debilitado. De fato, o máximo que eu conseguia fazer era ver televisão e, mesmo assim, com reservas. Passei muito tempo literalmente arriado na poltrona, emagrecendo, ficando cada vez mais fraco e assistindo ao Discovery Channel e ao National Geographic, que exibiam sempre programas mais inteligentes.

Com o tempo, fiquei amigo de vários médicos e acabei ajudando a fundar o Instituto de Medicina Social. Os médicos acreditavam que eu teria, no máximo, seis meses de vida a partir do diagnóstico. Isso eu só soube agora, mais ou menos há um ano.

Já se passaram oito anos e eu estou plenamente reintegrado a uma vida normal. Tive muita sorte de ter a melhor cobertura médica que você pode imaginar. Meus amigos Jacob Kligerman e José Noronha fizeram a mobilização mais completa e possível da competência médica em torno do meu caso. Também tive excepcionais coberturas afetivas e emocionais. Tive o apoio espantosamente importante da minha mulher e dos meus filhos. A realidade é que nenhum pai de família se considera perfeito, porque sabe que cometeu muitos erros. Mas quando, numa hora dessas, todos vêm para perto de você, eles emitem um sinal muito forte de que querem que você viva. Isso é fundamental para fortalecer o espírito. Também tive o apoio de uma amiga e de quatro amigos que ficaram de mãos dadas comigo durante o período mais duro da doença. Eles literalmente seguraram a minha mão.

Outra coisa: sou professor há muito tempo. E, para minha surpresa, quando as pessoas souberam que eu estava doente, comecei a receber flores, telegramas, todo tipo de manifestação de carinho. Havia uma espécie de corrente de amigos que fizeram muita força para eu resistir. Tudo isso é essencial, porque é tão brutal o medo que nós temos do câncer e tão invasiva a terapia que, se as pessoas não se manifestarem, demonstrando que desejam que nós vivamos mais, se não tivermos essa manifestação de carinho, acho que é bem mais fácil se entregar, é bem mais fácil desistir e deixar a alma resvalar.

Nessa época, li um livro escrito por um médico e por sua esposa, uma psicóloga. Ele foi chefe da terapia de câncer da Força Aérea norte-americana. O livro, se não me engano, se chamava *Força na vida*. E esse médico afirmava, como oncologista, ficar muito surpreso ao constatar que, com o mesmo tipo de câncer, e submetidas ao mesmo tipo de tratamento, muitas pessoas se salvavam e outras não. Então, ele e sua mulher fizeram uma pesquisa e descobriram que a manifestação das famílias e dos amigos é decisiva para a sobrevivência do paciente. Eles também desenvolveram uma terapia de apoio para ajudar a combater o câncer. Assim, recomendavam que o paciente ficasse em silêncio, relaxado, pensando onde estava o seu câncer e mobilizando as suas energias internas para derrotá-lo. No caso, eu sabia onde estava o meu câncer, mas não sabia relaxar, por isso tive ajuda de uma terapeuta. Eu ficava deitado, e íamos investigando o meu corpo a partir do pé direito, passando por todos os órgãos, subindo pelo pescoço e chegando até o cérebro. Quando acabava de fazer isso, eu já estava dormindo.

É claro que uma terapia dessas não substitui de forma nenhuma o tratamento médico tradicional. Essa terapia, mais do que tudo, me ajudou a relaxar. E, relaxado, eu me senti muito mais forte para enfrentar a doença.

Por recomendação do meu amigo Muniz Sodré, catedrático da Universidade Federal do Rio de Janeiro, também me tratei com o Ronaldo Caldas. O Ronaldo é uma pessoa igualzinha a nós, mas tem um memorial de sucessos no combate ao câncer, inclusive cânceres de osso e de cérebro. Esses sucessos são atestados por médicos importantes do mundo todo. E o Ronaldo começou a me tratar. Eu havia recém-concluído a radioterapia e já tinha recebido mais de 100 sugestões de como enfrentar o câncer, desde beberagens a exercícios de todo tipo, enviadas por pessoas muito queridas. Mas o fato é que, se eu fosse seguir todas essas sugestões, não ia fazer outra coisa na vida, ia enlouquecer. De todo modo, a minha geladeira ficou cheia das mais diferentes poções, você nem pode imaginar.

De volta ao paranormal Ronaldo Caldas: a minha amiga Maria da Conceição Tavares foi na minha frente para conhecer o trabalho dele e me disse que tinha gostado muito. Eu fui, e era realmente impressionante. Ele simplesmente fazia comigo o seguinte: sem encostar em mim, ele levantava a mão e percorria o meu corpo. E em determinados momentos era como se uma língua de fogo estivesse entrando no meu organismo. Às vezes, a dor era tão intensa que eu chorava. Mas depois saía de lá me sentindo muito bem. Fiquei quase um ano inteiro com ele, que até hoje é uma pessoa muito querida para mim.

Fiz muitas sessões com o Ronaldo, me sentia muito melhor depois. Se você me perguntar a que atribuo a minha cura, cientificamente eu diria: à competência do Jacob Kligerman e à competência do Eduardo Bandeira de Melo, que foi o meu médico clínico. Também atribuo minha cura ao poder da químio e da radioterapia, à enorme solidariedade e ao carinho das pessoas à minha volta e ao trabalho do Ronaldo Caldas. Não sei destrinchar uma coisa da outra. O fato é que estou há oito anos vivo, desde o diagnóstico.

Acima de tudo, o que aprendi é que não podemos desistir da vida. Eu sou professor universitário. Foi um desafio dificílimo para mim dar o curso enquanto estava doente. Tinha dificuldade de me lembrar das coisas, a minha voz estava reduzida a um fio, mas a universidade colocou um amplificador de som especialmente para mim, meus alunos tiveram muita paciência, e dei um curso de um semestre que, provavelmente, foi o pior curso que eu dei na minha vida inteira como professor. Apesar de tudo isso, continuei a dar aulas e prossegui também escrevendo um livro, com muita lentidão, muito debilitado, mas realmente sem desistir.

Outra coisa que sentia nesse período era o medo. O grande problema do câncer é que você morre de medo e não tem resposta em relação ao sucesso do seu tratamento – ela só é dada pelo tempo. Você vai para as terapias, mas não tem certeza se vai dar tudo certo. E, olha, o que mais apavora no câncer não é exatamente a ameaça da morte. Morrer todo mundo vai morrer, obviamente. O que apavora mesmo é não saber como é que vai ser essa morte. Qual vai ser a sua degradação, qual vai ser a quantidade de dor que você vai sentir, qual vai ser a quantidade de sofrimento pelo qual vai passar... Tudo isso, sinceramente, é muito assustador para todo mundo. Estou dando um depoimento honesto e completo. Tudo é muito difícil para quem está com câncer. No meu caso, a radioterapia queimou todas as minhas glândulas salivares. Passei a ter pouca saliva e nenhum paladar. Além disso, a minha garganta encolheu, por causa da operação. Tenho um edema permanente. Dessa forma, para mim, comer passou a ser um ato bem complicado. Hoje o meu paladar está impecável, mas ainda é difícil engolir. Vou ter essa dificuldade até o final da vida.

O fato é que ninguém vive uma experiência dessas e continua a ser a mesma pessoa. Por exemplo, passei a me dar muito mais liberdade. Passei a ser muito mais irreverente, muito menos submisso, muito mais afirmativo. Depois do câncer, fui eleito reitor da universidade e também presidente do BNDES. Quer dizer, eu tive uma trajetória muito ativa depois da doença. Entretanto, o pós-câncer é muito difícil. A pessoa precisa, de fato, de muita ajuda afetiva e emocional, até porque você está efetivamente debilitado. Afinal, o objetivo da quimioterapia é matar as células do câncer, mas o problema é que ela também mata as células boas. A radioterapia também é terrível, muito violenta, exigindo um acompanhamento permanente. Tenho pele queimada que sai continuamente do pescoço, até hoje, por conta da radioterapia.

Por outro lado, acho que, depois de um câncer, nos sentimos mais seguros em relação ao afeto dos outros por nós. Depois do câncer, perdi totalmente o medo da rejeição. E também ganhei um sentimento de urgência para tudo. Não deixo de modo algum para fazer amanhã o que posso fazer hoje. Mais do que nunca, aproveito da melhor forma possível o meu tempo.

Mesmo assim, ainda sinto muito medo quando vou fazer novos exames (dentro do meu controle periódico) para ver se está tudo bem. Morro de medo de passar por essa experiência novamente. Mas nós temos que fazer os exames, temos que nos monitorar, claro.

Então, para quem acabou de receber a notícia de que está com câncer, o que digo é o seguinte: "Meu irmão, você vai passar por uma barra muito pesada, mas não tenha vergonha de nada, peça ajuda a todo mundo, em todos os aspectos, e não desista." Nem todo mundo tem esse apoio, eu sei disso. Mas quem o tem, de fato, não deve abrir mão de toda ajuda. Minha família foi maravilhosa; meus amigos, inacreditáveis.

Ressalto também a questão do medo. O medo, no câncer, é uma coisa horrorosa. Faça tudo o que você puder para diminuir o seu medo o mais rápido possível. Esse é o grande desafio de quem enfrenta um câncer.

Tenho uma neta que se chama Bárbara – ela é a minha terceira neta. Na época do meu câncer, ela estava passando por aquele momento lindo em que as crianças começam a fazer perguntas para descobrir o mundo. Eu não pude me ligar a ela durante esse período. A Bárbara não se aproximava muito de mim, ficava quase sempre me espiando de longe. Mais do que tudo, eu era o vovô que ficava sentado na poltrona o tempo todo. Ela tinha uns dois anos, em 1997. Depois, quando já estava curado, finalmente consegui estabelecer conexão com ela, brincando de ensiná-la a nadar, numa piscina. Ela tinha uma visão minha muito imóvel, e foi justamente numa piscina, onde nós estamos sempre em movimento (mesmo quando estamos parados), que eu consegui me aproximar dela.

Enfim, é o movimento da vida, de uma forma ou de outra, que nos leva adiante para lutarmos contra o câncer, para lutarmos contra outras doenças graves, para lutarmos contra grandes adversidades.

Arquivo / Agência O Globo

Carlos Ivan / Agência O Globo

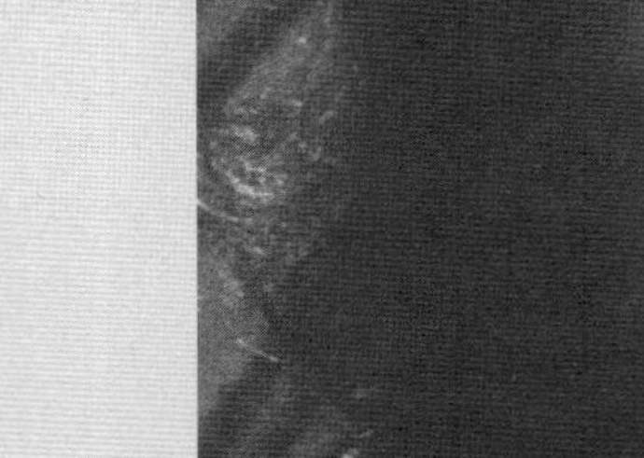

*Dina Sfat e Bel Kutner (na foto menor)*

# *Dina Sfat, atriz*

*por sua filha Bel Kutner, atriz*

Conheço pessoas, amigas minhas, que tiveram câncer de mama com 35, 37 anos. No caso de uma delas, por exemplo, o tumor foi bem agressivo e ela teve que passar por todos os procedimentos e hoje está ótima. Outra teve a sorte de descobrir muito cedo e só precisou se tratar com radioterapia. Mas, sabe de uma coisa, nenhuma delas achou o tumor pelo toque, pelo auto-exame. Essas amigas conseguiram detectar o câncer na mamografia. Aliás, uma delas nunca tinha feito esse exame. O médico que a atendia, um medalhão muito conceituado, nunca havia pedido o exame, "pois não tinha por que pedir", entendeu? Então, uma vez por ano, ele a apalpava e perguntava: "Você sente alguma coisa?", ela dizia que não estava sentindo nada e, pronto, ele dizia que estava tudo bem. Como se o câncer fosse alguma coisa que a gente sempre sentisse.

Assim, a mãe dessa minha amiga (com aquela intuição materna) achou que ela deveria fazer um check-up com um clínico geral conhecido da família, maravilhoso, muito bom de diagnóstico. Ele perguntou à minha amiga: "Quando você fez a última mamografia?" Ela falou que nunca tinha feito. E ele disse: "Você nunca fez uma mamografia? Então vai fazer agora." E ela fez, e foi assim que soube que estava com câncer. E foi assim que ela se salvou.

Eu acho essa história barra pesada, porque pouquíssimas pessoas têm acesso, em hospitais públicos, a uma mamografia. E olha que ela freqüentava médico particular, e aquele médico, realmente supermedalhão, não pediu o exame. Olha que absurdo!

No caso da minha mãe (a atriz Dina Sfat) até hoje não sei exatamente quando ela descobriu que tinha um tumor maligno. Sei que ela descobriu um caroço no seio, com indicação cirúrgica. Mas não sei quando descobriu que era maligno. O câncer dela foi detectado em 1985, 1986, mais ou menos nesse período, não me lembro se por apalpação ou por exames. Mas eu sei que, depois de descobrir que estava com câncer, ela adiou essa cirurgia, assim como o tratamento, e partiu para soluções alternativas.

Eu me lembro que tive uma certa briga com a minha mãe por causa da história de um homeopata unicista. Não me trato com homeopatia, mas sei que há pessoas que têm um resultado incrível. Isso pode ser muito legal e muito eficaz, desde que você não esteja com um câncer, com um tumor, com uma doença degenerativa. Porque o princípio da homeopatia é muito de expurgar, de botar para fora. Numa alergia tratada por homeopatia, por exemplo, primeiro você piora para depois melhorar. E quem está com um câncer não tem condições nem tempo de piorar para depois melhorar.

A questão é que vamos morrer de alguma coisa. O natural é ficar doente e morrer, e a gente quer adiar essa certeza. Nós ouvimos falar: "Ah, fulano morreu de causa natural." Na realidade, qualquer causa é natural. Se você morrer porque teve uma doença, porque caiu de um penhasco, porque foi devorado por um tigre, tudo isso é causa natural. Afinal, na natureza, um animal come o outro. E, no fundo, também somos bichos. É claro que vamos fazer de tudo para que nada disso aconteça, mas que é natural, isso é.

Mas, de volta ao caso da minha mãe, quando ela adiou o tratamento, fiquei meio em pânico. Eu tinha uns 16 anos na época e nunca acreditei que existisse um só remédio para curar todos os problemas de uma pessoa. Jamais acreditei em milagres. Também me lembro de conversar com a minha mãe para que buscasse outro tipo de tratamento, e eu nem sabia que ela já tinha um caroço no peito, sabia apenas que ela não estava bem. Nessa fase ela ainda não havia me contado tudo – eu não sabia que ela tinha um câncer.

Outra coisa: eu não sei por que a minha mãe não quis operar no início. Não sei se foi por medo, por vaidade ou por tudo ao mesmo tempo. E ela teve que operar depois, fazendo uma mastectomia radical, com perda de tecido, tirando linfonódulos, quando já estava com metástase no osso. Minha mãe fez muita quimioterapia, muita mesmo. Esse percurso foi muito difícil e durou uns três anos.

O fato é que o câncer é uma doença que não espera. Quem tem câncer precisa sair correndo. Até porque, se você tem essa doença, tudo pode esperar. Não tem trabalho, não tem filho, não tem nada que não possa esperar. Só quem não pode esperar é você.

E o incrível é que o câncer ainda é uma doença cheia de tabus. Ninguém escolhe ter câncer, ninguém tem culpa de ter essa doença, mas muita gente ainda acha que tem. Por outro lado, as pessoas acham que isso nunca vai acontecer com elas. Eu ouço besteiras do tipo: "Ah, mas na minha família ninguém nunca teve câncer." De fato, isso é uma grande bobagem. Como você vai saber que ninguém na sua família morreu de câncer? Aí vem alguém e diz: "O meu avô morreu de desarranjo mental... Não sei bem o que ele teve, na época ninguém sabia direito." E aí, se a pessoa for investigar, de repente pode descobrir que, na realidade, o avô morreu de câncer.

Às vezes, uma pessoa está muito magra por causa de um câncer no fígado e morre com um diagnóstico de cirrose. Às vezes, aquele câncer começou em outro lugar e foi parar no fígado, que é um órgão que chama mais a atenção porque, quando você tem câncer nele, os sintomas são muito óbvios, muito violentos. Então como é que você vai saber se há 20 anos não teve parentes que morreram de câncer na sua família? Há 20 anos, por exemplo, tomografia era uma coisa milionária que só devia existir na NASA. Além disso, você pode ser o primeiro a ter câncer na sua família, antes de todo mundo.

Tenho uma amiga de oitenta e poucos anos e todas as mulheres da família dela morreram de câncer ginecológico – de ovário, de mama e de outros tipos. Ela faz um tratamento com ervas, uma prevenção totalmente mística, em São Paulo, mas de seis em seis meses vai ao médico para ser virada pelo avesso, fazendo mil exames. Ela não fez reposição hormonal, não tem nenhum tipo de risco nesse sentido.

Minha mãe morreu com 50 anos. Tão nova, não é? Mas ela não achava mesmo que ia morrer, de jeito nenhum. Eu tinha 18 anos, a Ana, minha irmã, 16, e a Clara, 13. A minha mãe era muito positiva, achava realmente que ia dar tudo certo. Mas ela adiou o tratamento e ficou se cuidando pelo menos uns dois anos só com coisas místicas. Depois, ela fez de tudo, se tratou com tudo a que tinha direito na Medicina, mas aí não havia mais tempo.

Eu acho que muitas pessoas perdem a vida por não estarem no lugar certo, com as pessoas certas, na hora certa, por não fazerem a coisa certa.

Essa história de campanhas de toque para a mulher fazer no chuveiro, me desculpe, eu acho que, em geral, isso é uma grande conversa fiada. Que eu saiba, a mulher pode ter vários nódulos no seio por causa de uma displasia mamária, que atinge muitas mulheres. Até o homem pode ter câncer na mama. E os meninos se tocam, para ver se têm alguma coisa? De jeito nenhum. Não acredito mesmo nessa história de toque para detectar um tumor precoce. Se a mama for muito espessa, muito jovem, aí mesmo é que você não acha. Se for mais antiga, provavelmente vai ter um bocado de pequenos nódulos. Então a gente precisa mesmo é fazer mamografia, ultra-sonografia, tudo o que for necessário para detectar o mais cedo possível um tumor maligno, ou para ficar tranqüila, tirar a preocupação da cabeça e viver sem medo.

Arquivo / Agência O Globo

*Walter Avancini e Andréa Avancini*

# *Walter Avancini, diretor de TV*

*por sua filha Andréa Avancini, atriz*

O meu pai não contou para ninguém que estava com câncer. Nós da família só ficamos sabendo cinco anos depois do diagnóstico. Durante esse tempo, quando eu soube que ele estava indo ao médico com freqüência, meu pai afirmava que estava com problemas na coluna e que por isso precisava andar com uma cinta. Na realidade, ele tinha câncer de próstata.

Acho que ele sempre foi muito auto-suficiente e reservado. Não gostava de preocupar as pessoas com as suas dores e seus problemas.

Então nós só ficamos sabendo do câncer quando o meu pai já estava numa fase muito pesada da doença, um ano antes de morrer. Nessa fase, ele já tinha operado, feito tratamentos e estava muito fragilizado. E na verdade ele só contou porque não havia mais como esconder de ninguém, de tão debilitado que estava.

Durante os cinco anos em que ficou doente, todos suspeitavam, no fundo, que ele estivesse com alguma doença grave. Sua pele estava muito amarelada, ele emagreceu demais, apresentando vários sintomas visíveis de que realmente estava doente. Mas nem eu nem meus irmãos tocávamos no assunto, sabíamos que era algo muito particular para ele, e era como se estivéssemos invadindo sua privacidade, que ele queria manter. Isso ficava bem claro para todos nós. Dessa forma, quando perguntávamos por que ele estava assim, o meu pai desconversava, dizia que não era nada, o que reforçava a idéia de que escondia algo mais grave. Afinal, se não estivesse mesmo com nada, ele teria esclarecido a pele amarelada, aquele emagrecimento tão intenso, a dificuldade para caminhar. Nesse caso, acho que ele diria: "Olha, estou com isto e aquilo, e ponto!" Ele nunca foi de dar muita satisfação a ninguém.

Quando ficou doente (e nós ainda não sabíamos de nada), meu pai envelheceu 10 anos em um. Na época, ele estava com uns 66, 67 anos. A partir do momento em que contou para a gente, passou a se internar e lutou bravamente contra a doença. Ainda assim fazia de tudo para não precisar de ninguém. De fato, meu pai tinha muita dificuldade de pedir ou de admitir que precisava de ajuda. Ele lutou a cada minuto para se salvar. Acho que essa é uma grande lição que meu pai me deixou. Não devemos deixar de lutar, mesmo que o quadro de uma doença, ou de outra adversidade, seja o pior possível.

O câncer é uma doença muito imprevisível, que depende do nosso organismo, da nossa resistência, de quem vai nos tratar, do estágio em que foi diagnosticado, de mil coisas.

Acho que o tumor do meu pai não foi diagnosticado tão cedo nem tão tarde. Ele teve câncer de próstata, ia sempre ao médico, sempre se consultava. Acho mesmo que ele se cuidava, na medida do possível e dentro dos recursos disponíveis na época. Mas isso não foi suficiente para salvá-lo.

O que ficou de mais essencial para mim, nessa história, foi que nada realmente é para sempre. A saúde é o bem mais precioso que temos. Na história da televisão, meu pai foi um profissional muito exigente, um diretor genial. Ele criou um mito em torno dele: de um cara muito bravo, que brigava, que era superexigente. E era mesmo. As pessoas tinham medo dele. Foi a maneira que ele encontrou para fazer com que as coisas acontecessem dentro do set de gravação. Tudo estava pronto antes da hora, os atores sempre sabiam o texto, e assim o trabalho de criação, que era o mais importante, poderia ser feito. Ele era um homem que trabalhava com a sensibilidade do ser humano, mas tinha uma personalidade muito forte e sabia exatamente o que queria.

Então, com o câncer, eu vi aquele homem (que era tão forte, tão poderoso e tão assustador para tanta gente) definhar dia a dia, cada vez mais frágil, cada vez mais tentando resgatar uma série de coisas na sua própria vida. No final da doença, ele passou a se questionar em relação às coisas que tinha realizado como pessoa e não como profissional, se tudo aquilo tinha mesmo valido a pena. Que ser humano ele tinha sido.

Percebi que meu pai fez uma revisão da sua própria vida na etapa final da doença. Aliás, uma vez ele chegou a me dizer: "Acho que agora estou tratando melhor as pessoas, acho que estou crescendo como ser humano." Teve gente que o conheceu nessa fase e que comentava comigo, na TV Globo: "Nossa, seu pai é um doce, é mentira tudo aquilo que falavam dele." E eu dizia para as pessoas: "Não é mentira, não, de fato ele costumava ser muito agressivo com muita gente, mas adoçou." Meu pai estava buscando realmente melhorar como pessoa. Não sei se ele conseguiu se despojar de tudo o que ele gostaria, não sei se ele conseguiu se desarmar de tudo o que ele mais desejava, tenho as minhas dúvidas se de fato conseguiu. E é provável que isso tenha lhe provocado algumas frustrações.

Só para dar uma idéia da rigidez do meu pai, ele era comunista, como Dias Gomes, como aquela turma toda da época. Então, quando criança, com cinco, seis, oito anos, eu e meus irmãos não ganhávamos presentes de Natal, presentes de aniversário, ovos de Páscoa. Ele dizia que era "data para capitalista ganhar dinheiro". Roupa de marca nem pensar. Estudávamos em colégio público, que naquela época eram os melhores, mas passávamos o dia de uniforme de escola e sapato Vulcabras. Por outro lado, qualquer curso que um de nós quisesse fazer era só escolher. Eu quase fui para Moscou estudar balé clássico. Meu pai, quase todos os dias, colocava os filhos sentados no chão ao redor de uma vitrolinha para ouvir *Construção*, do Chico Buarque. Essa é a música da minha infância, forte e que me emociona até hoje. Mas, para nós, naquela idade, era muito difícil entender tudo isso. Ideologias, capitalismo, proletariado.

Depois, acho que essa busca por mudanças interiores passou a acontecer antes mesmo que ele soubesse que tinha câncer. No seu segundo casamento, por exemplo, ele teve uma filha, e ela já ganhava presentes de Natal. Então, muito sutilmente, ele foi mudando em relação a essas pequenas atitudes, mas o câncer acentuou de uma maneira muito forte essa mudança de comportamento, principalmente no que diz respeito à forma como passou a tratar as pessoas.

Na fase final da doença, meu pai, que sempre foi ateu, pedia para que eu rezasse por ele. Quando a pessoa está muito doente, acho que, de certa forma, afloram nela determinados medos. Medo da morte. Será que acaba tudo aqui? O medo de que exista vida após a morte. Porque, se existir, para onde será que eu vou?

O que mais aflorou em mim? Ah, acho que foi a certeza de que temos pouquíssimo tempo para aprender a viver bem, plenamente. O fato é que, quando vemos uma pessoa muito querida no caixão, realmente percebemos que precisamos aproveitar o nosso tempo. Não é demagogia, não. Penso nisso sempre. O mais importante é que cada um de nós faça o possível para ser feliz, é tentar realizar o que mais tem vontade na vida, não importa o que seja.

Cultivar os relacionamentos, dar valor à família e estabelecer as nossas prioridades, sem nos violentarmos, também são desafios enormes. E você não precisa enfrentar um câncer para descobrir isso. Nesse sentido, nada como a pessoa aprender a se comunicar com os outros, sem adiar conversas.

Acima de tudo, o câncer expõe muito a gente. Ficamos muito indefesos diante dessa doença. Dependendo do tumor, precisamos de outras pessoas para fazer tudo. Quando voltava de um estado de coma, meu pai ficava com o olhar muito angustiado. Mas não era uma angústia de quem sabia que ia morrer. Era uma angústia de quem queria muito se comunicar e não conseguia, a angústia de dizer as coisas que talvez não tivesse dito.

Então, minha sugestão para todas as pessoas é a seguinte: digam as coisas. Não deixem de dizer tudo o que é necessário. Abram o coração, tentem resolver os impasses, as desavenças, os problemas. Peçam perdão ou perdoem, quando der vontade. Mesmo que não consigam resolver os problemas, mesmo que seja para dizer uma palavra que vá soar como um tapa na face do outro, não guardem nada. Isso vale tanto para quem está com câncer quanto para quem está acompanhando essa pessoa. Digam tudo, digam tudo mesmo. Não deixem para dizer no último momento, porque pode não haver tempo para isso.

Uma das piores coisas que podem acontecer a uma pessoa é terminar com uma vida cheia de reticências, cheia de questões em aberto, cheia de pendências afetivas. Acho que a grande lição do câncer é a possibilidade que temos de exercer a nossa própria humildade – sem armas, sem máscaras, sem defesas.

*"Meu pai tinha muita dificuldade de pedir ou de admitir que precisava de ajuda. Ele lutou a cada minuto para se salvar. Acho que essa é uma grande lição que meu pai me deixou."*

*Andréa Avancini*

Arquivo pessoal

*Moysés Liberbaum*

# *Moysés Liberbaum, empresário*

Por causa de uma pinta estranha acima do calcanhar, eu me consultei várias vezes com um dermatologista, mas o médico sempre me dizia que não era nada, que eu não me preocupasse com isso. No meio desse processo, minha mulher, Silvia, insistia para que eu pedisse uma biópsia. "Acho que essa é uma região realmente pouco observada pelos homens, só mesmo uma mulher míope para perceber isso. Afinal, as mulheres costumam perceber mais os detalhes do que os homens, e os míopes enxergam melhor de perto. A pinta realmente era micro, do tamanho da ponta de uma caneta Bic, e essa pinta já começava a formar aquela orelhinha irregular", relata Silvia Eisenstein.

Até que um dia o médico aceitou a sugestão dela, fez uma cirurgia e diagnosticou que, de fato, eu estava com um melanoma, num grau três, mais do que brando. Afinal, o melanoma vai do grau um ao cinco.

Então, fiz uma nova cirurgia, com um cirurgião oncológico, que tem a técnica apropriada, principalmente para verificar até onde é necessário retirar o tumor. Junto com essa operação, resolvi fazer uma cirurgia cardíaca, que também era muito necessária nessa fase da minha vida.

O fato é que, por causa daquela auto-suficiência do dermatologista que se recusava a me pedir uma biópsia, eu poderia ter morrido de câncer. Quando soube do resultado, ele ficou visivelmente constrangido e me disse que iria me visitar em São Paulo, depois da cirurgia.

Meu cunhado, por exemplo, morreu de melanoma. Depois de ser operado para a retirada do tumor, ele passou a fazer simplesmente uma revisão anual com o seu médico oncologista, e essa revisão era apenas visual. Por outro lado, faço uma revisão de quatro em quatro meses, incluindo uma ultra-sonografia da região inguinal, e de oito em oito meses faço uma tomografia do pulmão com o melhor oncologista clínico do Brasil, na minha opinião, que é o Antonio Buzaid. Quem me operou foi o Vítor Belfort, outro profissional absolutamente extraordinário e cuidadoso. Também faz parte da equipe do Buzaid a Cristina Abdala, uma dermatologista fantástica, muito respeitada, sensível e experiente, que trabalha com o que há de mais moderno e eficaz em tecnologia de diagnóstico, para evitar que a pessoa fique tirando tudo quanto é pinta que aparece e também para fazer um acompanhamento minucioso de cada paciente.

"Há mais de 15 anos, quando fui a um dermatologista nos Estados Unidos, ele examinava o corpo todo das pessoas, mesmo que elas não apresentassem sintomas, ou que não se queixassem de alguma pinta, de alguma mancha, de algum sinal esquisito na pele. A Cristina Abdala adota esse procedimento de rotina para os seus pacientes, o que é raro, mas tão fundamental para a detecção precoce. Em geral, os exames dos dermatologistas são superficiais, limitados a um simples olhar", conclui Silvia Eisenstein.

*"O fato é que, por causa daquela auto-suficiência do dermatologista que se recusava a me pedir uma biópsia, eu poderia ter morrido de câncer. Quando soube do resultado, ele ficou visivelmente constrangido."*

*Moysés Liberbaum*

Arquivo pessoal

*Maria do Rosário Fischer e Carlos Guilherme Eduardo Fischer*

# *Carlos Guilherme Eduardo Fischer,*
## *empresário, por sua esposa Maria do Rosário Fischer*

Quando o Carlos, meu marido, descobriu que tinha câncer de próstata, já estava com metástase óssea e nos gânglios também. Depois do primeiro choque, você pode imaginar como nos sentimos. Então, ele passou a fazer uma quimioterapia com remédios novos na época, e foi um tratamento muito violento, realmente bem agressivo. Mas ele aceitou prontamente fazer esse tratamento. Carlos tinha muita vontade de viver. Um desses remédios que ele tomava fazia com que a pessoa perdesse todos os cabelos, e o Carlos nunca perdeu cabelo. Era uma das preocupações de vaidade que ele tinha. O comum mesmo é a pessoa perder, mas ele realmente não perdeu.

Esse tratamento começou em Cleveland, nos Estados Unidos. Depois, fizemos a mesma coisa no Brasil, com a mesma receita, com os mesmos remédios de lá. E, após três meses, ele teve remissão completa, sem mais nenhum sinal de câncer na próstata, nos ossos e nos gânglios. Nos Estados Unidos, os médicos falavam que ele teria uma sobrevida de uns seis ou oito meses. Lá os médicos dizem tudo, sem esconder nada do paciente, para a pessoa poder organizar a sua vida em todos os sentidos. E todos os médicos, tanto daqui como de lá, ficaram absolutamente impressionados com a recuperação do Carlos. O caso dele foi a estudo.

Na minha casa, quando eu era menina, nunca ninguém pronunciava a palavra câncer. Nós dizíamos "aquela doença feia". É interessante vermos que hoje em dia as pessoas falam com muito mais naturalidade do câncer. O preconceito diminuiu muito ultimamente. Carlos era assim: começava a conversar com as pessoas, logo dizia que estava com câncer e, quando percebíamos, era ele quem estava animando todo mundo, lembrando a todos que a Medicina estava evoluindo muito, que os tratamentos contra o câncer estavam cada vez mais eficazes, que era importante ter fé e seguir as orientações dos médicos, e tudo mais. No começo, eu ficava um pouco chocada com essa naturalidade dele, mas depois achei que era assim mesmo que ele deveria agir.

De janeiro de 1986 a março de 1987, no período em que fez o tratamento, ele teve essa remissão completa. E o Carlos ficou cinco anos sem ter absolutamente nada, com uma qualidade de vida ótima. Ao longo desse tempo, só tomava, todos os dias, de manhã, um comprimido chamado Emsit. O Emsit é um remédio feito à base de mostarda. Durante a guerra, foi descoberto que o gás de mostarda, que eles usavam como arma para combater os inimigos, também provocava uma grande redução de tumores. Então, olha que beleza, de uma coisa terrível que é a guerra surgiu uma arma tão boa para combater tumores.

Em janeiro de 1992, nossa filha Ana Luísa se casou. Depois, em abril do mesmo ano, se casou a Bianca, nossa outra filha. O Carlos estava ótimo, muito feliz com os casamentos. Mas, logo após o casamento da Bianca, começou a ter de novo dores no abdômen. Como o PSA dele estava um pouco mais alto, voltamos aos Estados Unidos e, por recomendação médica, o Carlos foi fazer radioterapia. No tratamento de radioterapia, diferentemente da químio, meu marido não passou bem, apesar de a químio ser muito mais agressiva. Talvez isso tenha acontecido porque seu organismo já estivesse debilitado, não sei exatamente. Só sei que ele fez um tempo de radioterapia, mas não completou todas as sessões programadas. Os médicos acharam que era melhor parar e não continuar forçando um tratamento tão agressivo.

Até 1997, a vida continuou, em todos os sentidos. A nossa terceira filha se casou, os netos começaram a aparecer, ele e eu estávamos muito felizes. Mas, nesse mesmo ano, o problema recomeçou, não na próstata, mas nos gânglios. Desse modo, retornamos aos Estados Unidos, agora para Detroit, e passamos mais um período de tratamento por lá. Entretanto, logo depois, Carlos resolveu voltar ao Brasil porque, apesar de confiar muito nos médicos americanos, ele se sentia bem melhor e mais à vontade com os médicos aqui do nosso país.

Tempos depois, as coisas começaram a ficar mais complicadas. Ele teve um inchaço na perna que era muito esquisito. Não chegava a doer, mas a perna ficou realmente muito inchada, gorda, e era só numa perna. Quando nós olhávamos a perna que estava sem o edema e comparávamos com a outra, víamos que a diferença era enorme. Para lidar com isso, foi feita uma drenagem linfática; fizemos tudo que nos recomendaram, mas já era um processo visível, no qual uma parte externa do corpo deixava o problema exposto.

Os médicos nos disseram que aquele edema na perna tinha sido provocado pela primeira radioterapia. É comum que a pessoa tenha edemas daquele tipo quando faz uma radioterapia muito forte. Na época, os médicos se decidiram pelo tratamento porque acharam que (dentro do quadro) ele seria mais efetivo e menos agressivo do que a quimioterapia. E realmente, no lugar onde eles faziam a rádio, o tumor sumia. Mas depois, de fato, tudo se complicou.

Até o último dia da sua vida, Carlos foi um grande guerreiro. Muitas vezes ele se desanimava, mas continuava lutando, com muita força de vontade e determinação. Depois ainda fizemos outro tratamento nos Estados Unidos, com uma receita nova de quimioterapia, e mais uma vez houve uma resposta positiva.

Na noite de 12 de abril de 2000, ele passou muito mal e disse para mim: "Desta vez eu sinto que está diferente." Com viagem marcada para a Europa no dia 19, fomos ao médico e todos os exames não acusaram nada.

Carlos ficou internado 20 dias; o abdômen já estava todo comprometido, e o PSA, que em janeiro estava em torno de 0,25, subiu para 16. Isso realmente me assustou.

Dentro desse quadro, ele não conseguia mais engolir e precisou fazer uma operação, porque os gânglios do esôfago e do estômago começaram a fechar. Ele teve um período de alimentação artificial. Depois voltou a se alimentar normalmente. Em casa, continuou fazendo quimioterapia, mas já muito fraco. Essa foi uma fase de muito sofrimento. E então ele acabou falecendo no dia 30 de agosto de 2000. O Carlos esteve lúcido o tempo todo. Dizia que não queria morrer, que queria ver a filha caçula se casar (a Renatinha na época não era casada), ver os netos crescerem, e que não queria deixar de lado o trabalho, uma das paixões da vida dele.

Carlos era presidente do nosso grupo. Ele trabalhava com o meu sogro, Carl Fischer, fundador do grupo. Tudo começou com importação e exportação de frutas. Hoje atuamos em vários segmentos do agronegócio e também na área de navegação.

Mas, de volta à nossa história, temos de agradecer muito o Carlos ter vivido tanto tempo depois do diagnóstico. Foram 15 anos de muitas preocupações e tudo mais, mas só mesmo os últimos cinco meses foram tenebrosos. Mas tudo isso também se deve à postura dele. Carlos era uma pessoa muito bem-humorada, adorava rir, conversar, ver filmes que o deixavam alegre... Ele gostava muito, por exemplo, de ver *O gordo e o magro* e *Mr. Bean*... Dizia que terminava de ver esses programas com o espírito mais leve, renovado. Outra coisa que ele gostava demais era passear pelo Jardim Botânico, abraçar árvores para pegar energia, ficar em contato com a natureza.

Quando o Carlos ficou doente, eu entrei numa semiloucura tal que tudo o que me dissessem para fazer, ou para tomar, com o intuito de melhorar a qualidade de vida dele, eu topava. Desde que não interferisse no tratamento tradicional, quando os médicos nos diziam que determinado tratamento alternativo não faria mal nenhum, nós experimentávamos. Acho que isso fez muito bem ao Carlos e a mim também.

Chegamos a procurar um paranormal chamado Lourival. O curioso é que nós fomos apresentados a ele por um padre. O Lourival fazia remédios à base de plantas da Amazônia, e o Carlos tomava isso. Na hora do desespero, desde que você tenha cuidado e converse com várias pessoas de sua confiança, todos os métodos são válidos. E a realidade é que, até hoje, não sabemos até que ponto aqueles remédios do Lourival foram decisivos na recuperação do Carlos, enfim, até que ponto eles foram decisivos para aquela recuperação impressionante que nenhum médico sabia explicar.

Lourival faleceu uns três anos depois de o Carlos ficar doente, acho que em 1989, 1990, não tenho certeza. Mas para a cabeça do meu marido isso não foi uma coisa assim do tipo: "Ah, agora eu não tenho mais esse remédio, então não vou ficar bem." Afinal, ele tinha muita confiança nos médicos. Talvez ele até tomasse porque eu insistia, não sei se ele acreditava tanto. Mais do que tudo, ele acreditava nos médicos, e teve o apoio fundamental da família. O amor e a união familiar são essenciais. Se a pessoa que está com um problema desses ainda por cima é infeliz, acho que ela, no fundo, se importa menos se vai viver mais ou não. Mas, se você tem vários motivos para viver, se você gosta da vida e está feliz com ela, isso faz uma diferença muito grande. É quando você vai encontrar ainda mais motivos para se agarrar à vida.

A gente muda muito depois de uma experiência dessas. O principal é que você deixa de se chatear por pequenas coisas. Quando não temos um baque desses, às vezes nos chateamos porque o abajur quebrou, porque o vizinho está fazendo barulho, por um monte de bobagens. Passei a me chatear pelo que realmente vale a pena. Outra coisa é que nós sempre achamos que temos mais tempo. E nem sempre temos tanto tempo pela frente como imaginamos. Por isso eu sugiro que você viva todos os dias sempre fazendo coisas boas e produtivas. Uma das coisas mais bonitas é ver o carinho com que até hoje os empregados, os amigos, os parentes e os conhecidos falam do Carlos. Fico até comovida quando penso nisso, porque não sei se ele seria lembrado dessa forma caso não tivesse tido essa doença – não sei se ele teria caprichado tanto.

Entretanto, o mais importante de tudo foi o afeto que nos aproximou, que nos uniu, que nos fortaleceu ainda mais. Foi contar com o amanhã, sem deitar na cama e esperar pelo fim. Conheço várias pessoas que ficaram doentes muito depois do Carlos, não tiveram essa atitude e foram embora mais rápido. De fato, esse apego à vida é fundamental numa luta tão árdua.

Arquivo pessoal

*Roberto Pires*

# *Roberto Pires, cineasta*

*por sua esposa Laura Pires, produtora de cinema*

Um dia, o Roberto descobriu que estava com um caroço no pescoço, do tamanho de uma bolinha de gude, mas achou que não era nada. Na época, pedi para que ele tirasse esse caroço, mas Roberto não tirou, porque tinha medo de operar qualquer coisa. O médico obviamente também sugeriu que ele tirasse aquela bolinha, no consultório mesmo, para fazer uma biópsia, na busca de um diagnóstico preciso, mas o Roberto dizia que aquilo era só uma inflamação, que logo ia passar, coisa e tal. E, como a tal bola não o incomodava, ele não apareceu mais naquele médico e foi deixando rolar. Fiquei realmente muito preocupada, mas a decisão dele foi não voltar ao médico e tratar do problema como se fosse mesmo uma simples inflamação.

Então passaram-se um, dois, três anos... Dez anos depois, de uma hora para outra, percebemos que aquele caroço, que era do tamanho de uma bolinha de gude, tinha ficado do tamanho de uma laranja, no pescoço. Em um mês, mais ou menos, a bola tinha crescido de forma absurda, uma coisa incrível.

Em Salvador, onde estávamos, Roberto foi fazer exames, porque aquela bola estava atrapalhando a fala dele. Foi lá que descobriu que estava com câncer.

Também vale a pena lembrar que, vários anos antes, em Goiânia, ele tinha feito um filme para documentar o acidente com o césio 137. Nessa ocasião, ele manteve contato com aquele lixo. E o detalhe é que diversas pessoas que entraram em contato com o césio morreram de câncer, da mesma forma que o Roberto, com aquela bola aparecendo no pescoço. Não podemos afirmar 100% que o câncer dele se originou desse contato com o lixo de Goiânia, mas é uma possibilidade muito forte.

Para se tratar do câncer, Roberto fez quimioterapia, radioterapia, tudo o que era possível, tudo o que foi recomendado. Mas, ao invés de melhorar, ele foi piorando. De um dia para o outro, o tumor crescia ainda mais. Nessa fase, era como se aquela bola estivesse comendo cada vez mais o pescoço do meu marido.

Em um ano, vivemos uma situação tão triste, tão ruim e tão dolorosa que eu não a desejo ao meu pior inimigo. Ele emagreceu demais, ficou pele e osso. Teve uma época em que eu não conseguia fazer com que ele se levantasse da cama, de tanta fraqueza. Foi quando o Roberto deixou de se alimentar normalmente, começou a tomar mamadeira, passou a usar fralda, a ter dificuldade de respirar, enfim, foi um quadro terrível, inacreditável, em todos os aspectos.

A pior coisa do mundo é ver a pessoa que amamos se acabando sem poder fazer nada. Não sei de onde eu tirei tanta força para suportar uma situação dessas. Além disso, o Roberto entrou numa depressão profunda. Ele ficava desesperado, me pedindo para que não cuidasse mais dele, para que o abandonasse. Ele me dizia que aquilo era um carma de vidas passadas, que ele precisava mesmo passar por aquele sofrimento, que eu não o ajudasse mais, que eu o deixasse... Mas eu não aceitava aquela conversa e dizia que nunca iria abandoná-lo.

A questão é que, se o Roberto tivesse buscado um diagnóstico bem no início, provavelmente estaria vivo até hoje. Mas, como não estava sentindo nenhum incômodo, não tomou nenhuma atitude. E justamente uma das armas do câncer é não incomodar. O câncer se aconchega no organismo da pessoa, para crescer sem ser notado. E muitas vezes, quando queremos tomar uma atitude, já é tarde. No caso do Roberto, quando ele pensou em operação, não era mais possível, devido ao tamanho do tumor.

Depois que o tumor ficou do tamanho de uma laranja, o Roberto viveu seis meses. Por tudo isso, não devemos ter medo de buscar informações quando alguma coisa estranha aparece no nosso corpo, no nosso organismo, para não deixar chegar a um estágio sem solução. Aliás, mesmo que não apareça nada de diferente, devemos sempre nos cuidar, fazendo exames e check-ups para ver se está tudo bem mesmo. Afinal, quem descobre que está com um câncer não necessariamente vai morrer. Mas quem tem medo de se consultar, quem tem medo de buscar um diagnóstico, tem muito mais chance de morrer, tem muito mais chance de passar por todo o sofrimento que o Roberto passou.

Fui casada com ele durante 25 anos, tivemos cinco filhos. Trabalhávamos juntos, eu produzi filmes dele, tínhamos uma vida muito cúmplice, fazíamos planos o tempo todo, era uma convivência muito boa. Foi de fato muito ruim ver aquele homem tão talentoso, tão sensível e tão humano se deteriorando na minha frente sem que nem eu nem ele pudéssemos fazer nada. Nesse sentido, o que sugiro à pessoa que está acompanhando alguém com câncer é que tenha muita calma, que não se desespere, principalmente na frente do outro, e que dê muito carinho, muito amor e muito aconchego, para que ambos, juntos, possam suportar uma situação dessas, mesmo que não haja mais solução.

Na realidade, antes da doença do Roberto, eu também não era muito chegada a procurar médicos e fazer exames. Mas, depois, mudei completamente. Hoje, oriento os meus filhos e amigos. O câncer não é mais uma sentença de morte. Mas, quando não buscamos informação, aí, sim, nos impomos uma sentença de morte.

Arquivo pessoal

*Luiz Paulo Amorim Martins*

# *Luiz Paulo Amorim Martins,*

*empresário*

Sou do Rio de Janeiro, mas passei muito tempo trabalhando em São Paulo, sem médico próprio, só consultando de vez em quando médicos de plano de saúde. Quando voltei para o Rio, fiz um exame muito mais completo com um médico recomendado por um amigo meu. Uma ultra-sonografia acusou que eu estava com um câncer na bexiga. Recebi esse diagnóstico em dezembro de 1999. Depois, fiz uma bateria completa de exames, e o médico indicou-me um cirurgião, mas ele só podia me atender no dia 30 de janeiro de 2000. Decidi que precisava ser operado antes dessa data, pois sabia que não poderia esperar nem mais um dia para fazer aquela cirurgia.

Então, o mais rápido que consegui marcar, no dia 20 de janeiro, retiraram o tumor.

Antes disso, o meu médico tinha me perguntado:

– Você não fez alguns exames antes? Poderia trazê-los para eu dar uma olhada?

E eu respondi:

– Fiz sim, e posso trazer para você ver, claro.

Quando levei os exames, estava lá a indicação de um sangramento na urina. E o meu médico anterior não tinha dito absolutamente nada sobre esse sangramento. Ele ficou mais preocupado com triglicerídeos, colesterol, coisas do tipo. Foi um exame de rotina que resolvi fazer.

Depois da cirurgia, fiz um tratamento no qual injetava BCG na bexiga. É como uma quimioterapia para combater as células cancerosas. Fiz 10 aplicações de BCG. Mas não precisei fazer a químio; fui submetido apenas a esse processo da BCG. Após esse tratamento, que felizmente deu certo, passei a fazer um acompanhamento, de seis em seis meses, incluindo uma filmagem na bexiga, pela uretra. Nesse período também fiz uma ultra, que não é um procedimento agressivo.

Assim, lá se vão cinco anos, e não tenho mais nada, nada, nada. Segundo o meu médico, o câncer de bexiga costuma aparecer em fumantes (eu fumava três maços de cigarros por dia), ou em quem trabalha com tinta, provocado pelo solvente. Nunca mexi com isso. Então foi mesmo o fumo que provocou esse câncer.

Sempre tive uma preocupação com os meus pulmões, fazendo radiografias freqüentemente. O meu pulmão sempre foi claro, róseo. Acho que, por desinformação, a preocupação do fumante é sempre com os pulmões. E, na realidade, o fumo pode provocar outros tipos de câncer. Eu fumava mais durante a noite, de madrugada, porque até hoje tenho insônia. E, quando você tem insônia, fica procurando alguma coisa para fazer. Mas aí eu parei de fumar, obviamente, e engordei uns 20 quilos, por causa de uma dieta muito rigorosa. E depois, por recomendação médica, fiz musculação, emagreci, fortaleci os meus músculos e me recuperei bem. Antes de ficar doente, fui remador do Flamengo, de 1967 a 1971. Mas depois, principalmente porque passei a trabalhar muito cedo, e me casei muito cedo também, com 22 anos, acabava interrompendo as minhas atividades físicas o tempo todo por qualquer besteira.

Hoje eu chego à praia às cinco e meia da manhã, para caminhar no calçadão, aqui no Rio. Depois, vou para a academia e malho das seis às oito e meia da manhã. Ou seja, passei a manter uma atividade física de três horas por dia. E essa atividade é sagrada para mim. Estou hoje com 52 anos e não abro mão disso por nada, para me sentir bem comigo mesmo, para viver com saúde. Nesse sentido, preciso me cuidar. A ginástica é uma forma de aprimorar a nossa capacidade de superação. E nós precisamos nos superar o tempo todo para não ficarmos doentes, para não morrer. Mas, de fato, eu não tenho medo de morrer; o que eu mais quero é viver com dignidade.

E sabe de uma coisa? A realidade é que a minha vida mudou muito, para melhor, depois do câncer. Esse tumor foi um alerta para que eu me cuidasse e tivesse uma vida com muito mais qualidade. Só ter parado de fumar já foi um passo muito importante para viver melhor. Cheguei a ficar uns seis anos sem fazer exame nenhum. Isso é um risco muito grande. E não devemos fazer exames só quando apresentamos sintomas disso ou daquilo. É fundamental que nós façamos uma prevenção, com um bom médico, pelo menos uma vez por ano. É um investimento que realmente vale a pena, para quem pode pagar. Às vezes, gastamos dinheiro com tanta bobagem e não nos preocupamos com a saúde. Se diagnosticarmos o câncer no início, acho que na maioria das vezes é possível superar essa doença que ainda atinge tanta gente.

*"A realidade é que a minha vida mudou muito, para melhor, depois do câncer. Esse tumor foi um alerta para que eu me cuidasse e tivesse uma vida com muito mais qualidade."*

*Luiz Paulo Amorim Martins*

Arquivo pessoal

*Zózimo Barrozo do Amaral e Dorita Moraes Barros*

## *Zózimo Barrozo do Amaral, jornalista*

### *por sua esposa Dorita Moraes Barros, escritora*

Fui casada com o Zózimo durante 14 anos. Quando ele chegava em casa, era uma festa. Cheio de charme, esbanjando bom humor. Um dia, diferente de todos os outros, chegou nervoso, aborrecido, pois não havia conseguido terminar a sua coluna no jornal *O Globo*.

De repente, assim sem mais nem menos, foi me dizendo que sua vista havia ficado embaçada, os olhos começaram a incomodar. A verdade é que chegou extravasando sua preocupação e eu nem dei muita atenção, pois Zózimo usava lentes de contato e jamais as tirava, apesar de os olhos estarem constantemente vermelhos. Apenas resmunguei:

– Isso é que dá não tirar as lentes... melhor ir ao oculista.

Vou sempre me lembrar de suas palavras:

– Mas eu fui outro dia mesmo e ele me disse que meus olhos estão bons como os de um lince.

Passaram-se alguns dias e, como o desconforto ia e vinha, Zózimo resolveu consultar um oftalmologista recomendado por um amigo. Logo no primeiro exame já se detectou um pontinho minúsculo, do tamanho da cabeça de um alfinete.

Displicente e sem dar muita importância ao assunto, Zózimo ia levando a vida de sempre. Portanto, foi somente depois de uma noite mal dormida, devido a uma forte dor de cabeça, que Zózimo decidiu entrar em contato com o Dr. Felippe de Queiroz Mattoso, marcando a ressonância magnética necessária para investigar o problema.

Alguns dias depois, deixei o Zózimo na clínica do Dr. Felippe, em Botafogo, fui até o meu escritório e voltei para encontrá-lo. Será impossível, até o resto de meus dias, esquecer aquele momento. Logo que entrei na sala onde os dois se encontravam, percebi a aflição do médico, que havia literalmente mudado de cor. Senti meu coração acelerando, captando as energias pesadas, percebendo a falsa naturalidade do médico, que tentava pacificar todas as dúvidas do Zózimo.

Ao chegarmos em casa, apesar da minha ansiedade à flor da pele, consegui disfarçar e, no andar de baixo da nossa cobertura, telefonei para o Dr. Felippe, que logo me passou verbalmente seu diagnóstico:

– Zózimo tem um tumor no cérebro. Maligno.

Desliguei o telefone, recebendo o choque da notícia, que me deixou sem ação. Era uma sensação de vazio, de tristeza, de impotência, de não saber o que fazer... a não ser chorar.

Naturalmente, os médicos se comunicaram, e a providência seguinte foi solicitar um exame de sangue a ser feito na Clínica São Vicente.

Alguns dias depois, Zózimo acordou com uma dor de cabeça insuportável e, ainda desavisado, sem desconfiança, decidiu ir à clínica fazer o exame. Embora ela fosse perto de casa, a ida foi penosa, e a dor ficava cada vez mais intensa.

Lá chegamos e lá ficamos. Dessa vez, o neurocirurgião Dr. Paulo Niemeyer foi acionado, chegando à rápida conclusão de que o tumor havia se desenvolvido agressivamente. O caso era gravíssimo e uma operação de emergência era necessária.

Pedi 24 horas para prepará-lo para a triste verdade; havia a difícil missão de contar ao Fernando, seu filho, e ao Marcos Santiago e à Gabriela, os meus, avisar às famílias, aos amigos íntimos, ao jornal. Assim foi feito. A notícia foi dada ao Zózimo, junto com os médicos, de forma serena, sem dramaticidade, erguendo a bandeira da esperança.

A delicada operação no cérebro foi um sucesso e a rápida recuperação animou a todos. Após a cirurgia, fui prevenida pelos médicos da possibilidade de um comportamento agressivo, que nunca aconteceu. Otimista como sempre, Zózimo nem atinava que o fantasma de uma metástase nos pulmões rondava sua vida e, antes de deixarmos a clínica, disse-me:

– Não me deixarei deprimir nem por um minuto nem vou ficar revoltado. Vou à luta.

– Vamos à luta – respondi.

Essa notícia correu pela cidade, rápida como um buscapé, chocando a todos. Os telefones tilintavam ininterruptamente, de todos os cantos, na tentativa carinhosa de nos trazer conforto. Havia também as visitas que chegavam aos borbotões, apesar de proibidas pelos médicos. Nossa privacidade acabara. Rapidamente, orientados pelo Dr. Pedro Henrique, tomamos a decisão de nos aconchegar na tranqüilidade de Miami, onde poderíamos consultar um médico no Mount Sinai Hospital.

Decisão tomada, viagem marcada. Dois dias depois, embarcamos, atordoados, e, apesar de a viagem ter transcorrido sem problemas, Zózimo começou a manifestar os sinais desagradáveis da falta de ar. Dentro do avião, minha mente incrédula divagava, trazendo cenas recentes de nosso *elephant safari* pelas florestas do Nepal. Eu revi na memória Zózimo, na madrugada, indo ao encontro de Lakshmi Kali, seu elefante.

Ficava extasiado e atento com o despertar da floresta – com os sons que revelavam a orquestra da natureza, com os macacos que se agitavam pelas árvores –, e ainda havia a busca excitante do tigre-de-bengala. Sua forma física era esplêndida. Portanto, seria impossível imaginar que aquele seria o último passeio da nossa vida.

Segui refletindo nas armadilhas da vida e da morte, buscando uma compreensão que naquele momento não vinha, até sentir o pouso suave do avião no aeroporto de Miami.

Nesse mesmo dia já estávamos agendados com o médico no Mount Sinai Hospital. Em nosso primeiro encontro com um jovem médico, o Dr. Lillembaum, tivemos uma ótima impressão. Após um breve exame e um longo papo, lembro-me da perplexidade do doutor ao perceber que Zózimo não conseguia pronunciar a palavra "câncer", dando a entender que desconhecia seu problema. Apesar de apresentarmos todos os exames feitos no Brasil, o médico, felizmente, solicitou que todos fossem refeitos. Nos exames que apresentamos constavam diagnósticos equivocados. Passaram-se alguns dias, a falta de ar agravou-se e também nossa ansiedade com os novos resultados, que logo chegaram anunciando o pior: Zózimo estava com um carcinoma de rara agressividade.

Sessões de quimioterapia e radioterapia foram imediatamente agendadas. Na primeira sessão de químio, Zózimo sofreu uma alergia que o deixou roxo, quase sufocado. Fernando, seu filho, que o acompanhava, percebeu e acionou rapidamente os médicos.

Ele logo se recuperou, e após as sessões seguintes, contra as recomendações médicas que sugeriam descanso, Zózimo saía para passear, firme e forte; quando se fez necessário uma cadeira de rodas, rodopiava alegre na esperança de cura.

Foi guerreiro, e nos momentos mais duros nunca se queixou. Foi também um grande transgressor. Fumou, bebeu, viveu intensamente e confessou-me não ter tido arrependimento algum.

– Prefiro a morte, que chegará de toda maneira, a ter que abandonar os prazeres desta vida – gostava de repetir.

Entretanto, já havia deixado o fumo e a bebida havia um bom tempo.

Aproximadamente um mês depois de iniciado o tratamento, Zózimo piorou consideravelmente e precisou ser internado. Foi detectada, como previsto, uma metástase no pulmão, que rapidamente evoluiu para outras partes do corpo, atingindo o intestino, trazendo sofrimento e dores fortíssimas. Tentei evitar a todo custo que ele soubesse da existência de um novo tumor, mas foi impossível convencer os médicos americanos. Uma cirurgia foi realizada para extirpá-lo. Porém a doença, traiçoeira, alastrou-se, atingindo o mediastino, e logo generalizou-se por todo o corpo, apesar dos esforços e da dedicação da equipe médica.

Muitas e muitas vezes já desenganado, Zózimo emergia com todo o vigor, surpreendendo os doutores, que diziam:

– Ele é um fenômeno.

Surpreendiam-se também com seu *sense of humour*, que nunca abandonou.

Certa tarde, no hospital, seu estado era bastante ruim, e ele estava prestes a ser entubado, com febre alta e o coração acelerado, quando uma enfermeira, vendendo bom astral, adentrou o quarto e, sem ter o que dizer diante da má situação, saiu-se com esta:

– Nossa, que vista linda você tem aqui do seu quarto.

Rindo, ele respondeu rapidamente:

– Oh! Que cara sortudo que eu sou.

Outra vez estava entubado, assistindo, pela televisão, a um jogo de beisebol entre os Marlins e os Indians. Em algum momento, acenou com a mão com dificuldade, pedindo ajuda à enfermeira, que, entusiasmada com o ponto do seu time, simplesmente sapecou-lhe um tapa de celebração. Quando se liberou do entubamento, ele me contou esse episódio, horrorizado, mas morrendo de rir.

Zózimo era emoção pura. Enfrentou esse *puzzle* gigante da vida e da morte, deixando uma lição de amor, de humildade e, sobretudo, de dignidade.

Lembro-me de quando eu me sentava no pé da cama do hospital e nossas conversas rolavam sobre tudo e sobre nada. Às vezes tornavam-se papos-cabeça.

– Como você está se sentindo? – perguntei a ele uma vez.

– Por incrível que pareça, não tenho medo nenhum da morte. Acho até que Deus tem sido muito generoso comigo. Só me resta dizer muito obrigado. Gostaria de conhecer meu anjo-da-guarda. Ele tem sido um amigão – respondeu-me.

Fiquei um pouco aborrecida com tanto desprendimento.

– E a gente que fica?

– Ah! Isso me preocupa muito – disse, bem sério. – Acho até que estou fazendo um papelão.

Concordei, acenando afirmativamente com a cabeça.

Eu encarei o sofrimento, a idéia tenebrosa da perda de um grande amor, acionando todos os meus canais alternativos, que, aliás, foram de grande importância nos últimos anos da vida do Zózimo. Ao ter que enfrentar a própria morte, fez brotar uma serenidade que só possuem os seres muito especiais. E aconteceu, numa terça-feira, 18 de novembro de 1997, após 33 dias de calvário. Zózimo tinha 56 anos. Por pura intuição, eu havia previsto a data dessa triste despedida e na parte da tarde dirigi-me desolada ao hospital.

– Vim me despedir, amor. – Abracei-o por trás da cama e o enchi de beijos... Agradei ele todo. – Amorzinho, eu te amo muito, muito, muito... Estamos há mil anos juntos e vamos continuar mais mil, tá? Mas aqui está ruim para você, chega de sofrer, vai embora, amor... Assim, livre, leve. Busca a luz, vai em paz. Eu te amo, teus filhos te amam... Você não queria conhecer seu anjinho? Chegou a hora, chama ele... Ele vai te ajudar. Você foi tão corajoso, vai ser agora também. Eu quero um presente, tá? Quero um pouco da sua força.

Então, senti uma energia quase palpável sendo transmitida, e aí pude dizer de alma para alma:

– Boa viagem, companheiro.

Estou convencida de que para enfrentarmos a aventura da vida e da morte, tanto na adversidade como fora dela, além da medicina tradicional, o amparo espiritual, afetivo, a fé, a crença em um Deus universal, bem grande (não aquele que beneficia e pune), são imprescindíveis. Cada um buscará seu caminho, sua filosofia, já que existem tantos (regressões, religiões, meditações, cabala, terapias). No encanto dessas trilhas conquista-se um mundo de novas possibilidades, de transformações, de um novo saber que engrandece, pacificando a alma com a esperança. E incentiva a viver plenamente o aqui-e-agora.

Roberto Faustino / Agência O Globo

*Carlos Zara e Eva Wilma*

# *Carlos Zara, ator*

## *por sua esposa Eva Wilma, atriz*

O último trabalho de televisão do meu marido, Carlos Zara, foi no seriado *Mulher* (exibido pela TV Globo na década de 1990). Eu fazia uma médica e ele era o marido dessa médica. E houve uma cena, no final do seriado, em que a minha personagem, a Drª Marta, está ao lado do marido, na cama. Ele está lendo. Ela, pensativa. E então ela sente que está tendo um enfarte. Aí ela se vira para o outro lado, liga para o hospital e fala com alguém, não me lembro se ela fala com a Drª Cris, que era a personagem da Patrícia Pillar. Assim, pelo telefone, a minha personagem dizia que estava tendo um enfarte. O marido ouve, larga o livro, senta-se e a cena acaba.

Essa cena se repetiu, ao inverso, na vida real, ou seja, eu estava lendo, e o meu marido, quietinho, do meu lado. Em determinado momento, perguntei a ele:

– Afinal, como foi lá em São Paulo no médico?

Ele tinha ido se consultar com o clínico geral Wagner Ibrahim Pereira, amigo nosso. Então, eu perguntei o que é que o Wagner tinha dito e ele me respondeu assim:

– Ah, eu fiz umas endoscopias que o Wagner me pediu e deu um probleminha.

– Que probleminha? – perguntei.

E ele respondeu:

– Tem um tumorzinho aqui. – E pôs a mão na região embaixo da laringe, que é o esôfago.

Eu larguei o livro e reagi:

– Tumorzinho onde?

– Aqui, aqui, mas não é nada, é só tratar – ele disse.

Fez-se um silêncio e eu perguntei:

– Maligno?

Ele mudou de assunto:

– É, mas hoje tem cura, tem tratamento...

Eu só me lembro agora de que o abracei com muito carinho, com muito afeto, com muito amor. E dormimos com aquela preocupação. Mas ele teve a delicadeza de esperar a segunda-feira de folga de um espetáculo teatral que eu estava fazendo, uma peça chamada *Um Dia das Mães*. Esperou a minha folga para conversar sobre isso. Depois eu fiquei sabendo que o Dr. Wagner havia sugerido ao Zara me contar, para não omitir nada de mim.

Bem, tudo isso aconteceu há dois anos e sete meses. Então, eu não vou contar as coisas de forma muito ordenada. Vou contando à medida que me lembro... E me lembro bem de que disse ao meu marido que eu queria que o Drauzio Varella cuidasse dele. O Drauzio já era nosso amigo há muito tempo. Eu o conheci através da mulher dele, a Regina Braga. Então, ele começou o tratamento no Hospital Sírio-Libanês, em São Paulo, na fase da radioterapia. Foi aí que passei a conhecer as pessoas maravilhosas do Sírio, inclusive o chefe da radioterapia na época. Agora eu não me lembro o nome dele e de outras pessoas; acho que é uma defesa minha, para não lembrar de tudo.

Mas o fato é que o meu marido tinha um temperamento muito generoso, muito nobre, ele jamais arriou, jamais fez drama. O Zara era um homem de extremos. Ele tinha pavio curto e às vezes podia parecer muito bravo e até grosseiro, mas ele não era assim, na realidade era muito doce e muito delicado.

Durante a doença, tanto quanto ele, procurei me segurar o máximo possível, tentei não fazer drama. E assim fomos. Eu o acompanhei muitas vezes na quimioterapia, no consultório do Drauzio.

Tenho uma recordação muito boa do seguinte: durante o tratamento, em São Paulo, eu não parei o meu trabalho. Fui gravar na Itália a novela *Esperança*. Foram 20 dias que passei lá. Eu me ausentei com tranqüilidade, porque havia um esquema familiar sólido. Ele tinha todo o apoio, não só meu, mas também do nosso secretariado de lá, além do filho único dele, Carlos Eduardo, para nós Carlinhos. Depois comecei a gravar aqui no Rio.

O Zara veio ao Rio, não me lembro quando foi a última vez, para me ajudar a montar esse meu apartamento. Do ponto de vista da decoração, por exemplo, tudo aqui foi escolhido por mim, mas aprovado por ele. O Zara era engenheiro de formação. Então, ele fazia questão de olhar as maquetes, os projetos, tudo mesmo. Ele tinha uma alegria de viver muito boa, era uma pessoa muito centrada, com uma vivência muito grande, pois lutara muito na vida. Também me lembro claramente do momento em que ele, me abraçando mais afetuosamente do que nunca, disse:

– Nós somos fortes, não é, meu amor?

Lá em São Paulo, durante o tratamento, eu o acompanhei um pouco, mas depois ele começou a dizer que preferia ir sozinho. E então ele passou a ir para a quimioterapia sozinho. Houve um período em que ele ficou mais enfraquecido, principalmente porque o câncer de esôfago vai dificultando a deglutição. Então, passamos uns 10 dias no hospital, e o Dr. Wagner nos acompanhou com o maior carinho. Depois, ele fez uma reunião comigo e com o Carlinhos. Nessa reunião, o Dr. Wagner falou que daria alta para o Zara, desde que montássemos um hospital em casa, o *home care*. Eu não tinha nenhuma experiência nesse sentido, mas providenciei tudo com tranqüilidade. Desci à secretaria e em meia hora estava tudo resolvido. Escolhi uma empresa dentre as três indicadas pelo Sírio-Libanês. Essas pessoas foram à nossa casa, em São Paulo, e adaptaram o quarto que sempre chamamos de quarto dos filhos, netos e hóspedes. Eles o adaptaram para receber a cama hospitalar.

Acho que, quando vivenciamos uma situação dessas, o nosso organismo aumenta a fabricação de endorfina, para nos ajudar a enfrentar um problema tão grave. Então, nem me passava pela cabeça a perda imediata dele. Na minha cabeça só passava a vontade de vê-lo ultrapassar todas aquelas dificuldades, com o maior conforto e a maior dignidade do mundo.

Ah, eu me lembro agora que o Drauzio Varella visitou a gente, provavelmente quando soube que a situação estava se complicando ainda mais. E o Drauzio chegou lá em casa às oito da noite, deu uma abaixada ao lado dele, perto da cama, e disse assim:

– Ô, Zarinha, o doutor me disse que você não está querendo tomar o aperitivo...

E a realidade é que o Zara não estava nem se alimentando mais direito, muito menos tomando o aperitivo. Mas aí, com o carinho do Drauzio, que o chamou assim, no diminutivo, o Zara riu e mandou vir o aperitivo, mas não conseguiu tomar. Ele só se alimentava com coisas líquidas ou pastosas, como um purê de batata, ou algo do tipo de que ele gostasse muito.

Havia uma cena muito agradável que eu não esqueço nunca. Nós almoçávamos juntos e depois do almoço eu falava para descansarmos um pouco. Mas ele se sentava do lado da cama, no quarto, eu deitava na cama hospitalar, cochilava, e ele ficava massageando o meu pé, como eu sempre gostei.

De volta para o dia em que o Drauzio foi lá em casa. Depois, no meio da noite, o Carlos estava com uma febre que não cedia. O enfermeiro entrou em contato com o hospital, e fomos para lá, mais ou menos às quatro da manhã, porque a febre realmente estava muito alta. Acho que o Zara disse para os médicos que jamais iria para uma terapia intensiva. Ele não chegou a falar isso comigo, mas deve ter combinado com os médicos.

No quarto ou quinto dia, no hospital, era a data de aniversário do nosso casamento religioso, o mesmo dia do aniversário de casamento do João, sogro da minha filha. O Zara e o João eram os dois patriarcas da família. E esse aniversário de casamento do João e da Alda (dois parentes queridíssimos) era de 50 anos e teria uma missa cantada, maravilhosa, à noite. Assim, o Zara me incentivou muito a ir a essa missa; ele me disse que eu tinha que ir de qualquer jeito. Concordei com ele, passei em casa correndo, botei o tal do pretinho básico que a gente põe para solenidades, assisti à missa, que realmente foi maravilhosa. Depois, dei um abraço nos dois, no bufê, brindei com eles, fui para casa, me troquei de novo e voltei para o hospital.

Foi aí que o Zara me disse suas últimas palavras, que eu acho até hoje memoráveis. Ele já estava com bastante dificuldade para respirar. Então, me chamou para perto, para falar alguma coisa no meu ouvido, e disse para mim, sussurrando:

– Dorme bem.

Ali, naquele momento, esse "Dorme bem" tinha duas conotações: uma era a ordem para eu ir dormir e a outra era para eu dormir bem mesmo. E eu disse: "Tá bom, tá bom", e já estava indo me deitar quando a enfermeira me chamou na porta. Ela me disse que o Dr. Wagner queria falar comigo. Não entendi por que ele não me ligou direto, para o telefone da cabeceira. Mas foi aí que o Dr. Wagner me disse que achava que aquelas seriam as horas definitivas, porque o câncer já invadira os pulmões e não havia mais possibilidade nenhuma. Então, eu liguei para todos os familiares e fiquei ao lado dele, enquanto conseguiam aumentar o oxigênio para diminuir sua dificuldade de respirar.

Em meio a isso tudo, consegui uma proeza: cantei para ele... Consegui forças para, acariciando os seus cabelos, cantar um pouco músicas do compositor preferido dele, o Adoniran Barbosa... Felizmente, o Carlinhos também estava lá, do lado. Ele parou de respirar só às cinco horas e 45 minutos. Portanto, foram cinco horas e 45 minutos de agonia. Eu nunca me esqueci de uma frase do Drauzio, na primeira etapa de hospital, quando estavam fazendo um procedimento de colocação de um tubo artificial para facilitar a passagem da comida. Enquanto faziam esse procedimento cirúrgico, o Drauzio passou por lá e me disse:

– Sabe qual é a sobrevida média do paciente que tem câncer de esôfago? É de seis meses.

O Drauzio estava me preparando para a perda. E o Zara teve uma sobrevida de um ano e três meses a partir do diagnóstico feito pelo Dr. Wagner.

Olha, não tenho nenhuma mensagem para quem está enfrentando algo desse tipo, porque eu acho que cada pessoa tem a sua própria forma de encarar os problemas. Só digo que é preciso se preparar muito para tudo o que vai ter que enfrentar. Às vezes eu estou conversando e alguém diz:

– Se eu morrer...

Eu interrompo e digo:

– "Se", não, é "quando" eu morrer.

Este é o fato: ninguém sabe como nem quando vai morrer. Ninguém sabe quando nem como vai ser esse dia.

Vivenciei a doença do meu pai ao lado dele durante seus últimos cinco anos de vida, porque minha mãe já tinha morrido. Meu pai tinha mal de Parkinson. Os remédios para quem tem essa doença prolongam a vida da pessoa, mas para mim a qualidade de vida é fundamental. Por tudo isso, nesse sentido, seja com câncer ou com qualquer outro tipo de doença muito grave, eu acho que nós precisamos viver, com dignidade e apoio afetivo, cada dia como se fosse o primeiro do resto das nossas vidas.

Arquivo pessoal

*Manfredo, Marcio, Maria Elizabeth, Marcelo e Mauro Barreto*

# *Mauro Campos Barreto,*
## *ex-remador do Flamengo e ex-bancário, aposentado*

Em 1963, eu já era casado, pai de quatro filhos e morava em Curitiba. Era funcionário do Banco do Brasil, fumava mais do que o normal. Até que, num belo dia, comecei a ter dificuldade de evacuação. Não levei isso muito em conta. Mas, quando estava de férias, no Rio de Janeiro, me disseram que eu estava muito magro e abatido e que seria conveniente que eu fizesse um check-up. Em Curitiba, pouco antes, devido à dificuldade de evacuação, eu já tinha feito uma colonoscopia e outros exames, mas de forma alguma foi acusada a presença de um tumor. Eles foram absolutamente levianos nesses exames. Eu poderia ter morrido se confiasse naquele diagnóstico desastroso. Por sua vez, no Rio, fui muito bem atendido pelo Dr. Clementino Fraga Filho. Logo de cara, ele me pediu uma nova colonoscopia. E o meu tumor foi detectado na região do colo. Só que, na época, ninguém me contou nada. Eles preferiram não me falar, foi uma decisão da família. Posteriormente, quando já estava curado, fiquei sabendo.

A minha operação, felizmente, foi um sucesso. É claro que o impacto dessa cirurgia foi muito traumático, em todos os aspectos. Depois, tive que ser operado de novo. Mas me recuperei, sem fazer quimioterapia. E parei de fumar, claro. Mas, mesmo sem saber que tinha câncer, eu tinha muito medo de morrer – na verdade, sempre tive, ainda mais nesse momento. Sabia que a minha situação era bem delicada. As pessoas me enrolaram, não dizendo o que eu tinha, mas esse cuidado não foi suficiente para diminuir o meu medo. E, mesmo hoje, depois de tudo o que eu passei, ainda tenho muito receio da morte.

Para mim, foi uma revelação saber o quanto eu era querido, por tantos amigos, por tanta gente. No dia da minha operação, mais de 150 pessoas ligaram para saber como é que tudo havia corrido. E, olha que coisa, realmente todo mundo sabia do meu tumor, menos eu. Só fui saber que tivera câncer anos depois, numa discussão com a minha filha. Eu estava me queixando de alguma coisa, e ela me disse que eu não devia me queixar de nada, porque tivera câncer e me curara. Na ocasião já tinham se passado mais de sete anos. E, depois de tudo isso, eu só tenho que agradecer a todos, à minha família, aos bons médicos e aos amigos, por terem me dado tanto apoio. Essa é a minha história. Sinceramente, não quero me aprofundar tanto nessa conversa. Escapei dessa e estou aqui. Sou um vencedor, eu sobrevivi. É assim mesmo que me considero: um vencedor.

*"Para mim, foi uma revelação saber o quanto eu era querido na vida por tantos amigos, por tanta gente."*

*Mauro Campos Barreto*

Arquivo pessoal

*Cleyde, Carmem (com as flores), Andréa, Edna e Luciana*

## *Edna Savaget, apresentadora de TV*

### *por sua filha Luciana Savaget, jornalista e escritora*

Minha mãe foi uma pessoa muito culta e bem informada. Lia muito. Não só porque gostava mas também porque precisava estar informada, por causa do trabalho na televisão, sobre os lançamentos culturais, novidades na área médica... Muitas vezes costumava ler até bulas de remédios.

Minha irmã e eu brincávamos dizendo que ela era a "médica de plantão" da família. Qualquer dor, a mais banal, telefonávamos para ela, que prontamente nos indicava o remédio que deveríamos tomar. Na verdade, minha mãe tinha horror de ficar doente e temia a palavra "câncer". A vida inteira teve medo de morrer "daquela doença", talvez por causa da morte do meu avô – o pai dela morreu de câncer no estômago e sofreu muito. E foi justamente essa doença que a matou.

Os sintomas começaram quando, de um dia para o outro, Edna parou de andar. Um médico disse que era inflamação nos nervos das pernas. Cada especialista que procurávamos dava um diagnóstico diferente. Um neurologista, por exemplo, disse que ela estava com um tumor na medula. Mas, em seguida, os exames desmentiram. Ninguém conseguiu diagnosticar o motivo de ela ter parado de andar de repente. Chegou a fazer biópsia nos nervos do pé, tirou sangue, entrou e saiu de máquinas poderosas que vêem até a alma. Todo tipo de exames que existiam na época. Mas ninguém descobriu o motivo daquilo.

E Edna tinha dores horríveis, sofria, se sentia frágil, começava a entrar numa forte depressão.

Até que um primo que era médico, Carlos Eduardo da Rocha Santos, pediu que ela fizesse um hepatograma, que constatou hepatite C. Metade de seu fígado estava contaminado pela cirrose hepática (ela não bebia). Minha mãe parou de andar por causa desse vírus, que se alojou nos nervos das suas pernas.

Iniciou o seu calvário. Internações de dois em dois meses para tomar frascos e mais frascos de hemoglobolina. Os médicos diziam que era para dar resistência. O seguro de saúde não pagava esse tratamento. Na época, meu pai pagou com o que tinha e com o que não tinha.

Por causa da hepatite C, ela teve que tomar um medicamento chamado Interferon, o único na época que combatia a doença. Só que ele causa uma depressão profunda nos pacientes. E a minha mãe não agüentou e interrompeu o tratamento.

A hepatite C, que é silenciosa e mortal, transformou-se em cirrose, evoluindo para câncer de fígado.

Meses depois do diagnóstico, ela voltou a andar, tentou seguir a sua vida dentro da normalidade, sem extravagâncias, até que um dia uma trombose na barriga a derrubou de vez. Uma veia estourou e desferiu três tumores na parte boa do fígado. Foi aí que realmente começou o drama de minha mãe.

Ela estava com muita dor e procurou um dos maiores hematologistas brasileiros – eu bloqueei o nome, de tanto ódio que tenho dele. Esse cara, que é professor e superfamoso, descobriu que ela tivera uma trombose na barriga. Disse que minha mãe estava com os três tumores, supostamente cancerígenos, na parte boa do fígado e que ela não teria mais de três meses de vida. Falou isso no dia do aniversário dela, na frente da minha mãe e do meu pai. Como um deus todo-poderoso, não dando chance a ela para ao menos lutar pela esperança de viver. Minha mãe, que já era propensa à depressão e mal podia ouvir falar na palavra "câncer", mergulhou ainda mais numa tristeza profunda.

Eu acho que um médico não tem o direito de dizer que você vai morrer, muito menos de dar o prazo de vida que o paciente terá. Ele desarmou a resistência de batalha da minha mãe e ainda afirmou que os tumores eram malignos, mortais, sem ter feito qualquer biópsia. Não teve a preocupação de prepará-la para aquela situação tão dramática.

Depois, esse mesmo médico ofereceu um tratamento experimental que, segundo ele, estaria dando resultados maravilhosos. Eram injeções de álcool nos tumores:

– O álcool queima o tumor. Assim, a senhora vai ter alguma chance de sobrevida.

Ora, quando se tem um prognóstico de três meses de vida, você tenta tudo, claro. Então minha mãe foi fazer o tal tratamento experimental. Puseram-na imediatamente no tomógrafo e deram o contraste. Depois, com uma agulha fina, foram feitas as aplicações de álcool no fígado.

O mais dramático é que, além de espalhar os tumores, o álcool queimou a pleura da minha mãe – imaginem a dor! Os tumores se alastraram pelo sangue, pelo corpo. Mas isso nós só soubemos depois, obviamente. Antes disso, na terceira aplicação, ela não agüentava mais de tanta dor. E eles mandavam que ela tomasse morfina, que tomasse isso, que tomasse aquilo. E ela gemia de dor. Era terrível para uma filha ver a mãe sofrer tanto.

O mais impressionante dessa história é que, levianamente, o médico fez as aplicações sem saber que tipo de tumor era aquele. Ele não tinha certeza absoluta se aqueles tumores eram mesmo malignos, não sabia nem que tipo de câncer era, não sabia nada. Na última aplicação, fui conversar com o médico assistente, que simplesmente me disse:

– Sinto muito. Nós erramos. Não posso fazer nada. Ela vai morrer.

O médico mesmo nem apareceu para dizer nada.

Então mamãe recomeçou a quimioterapia com o Dr. Gilberto, mas não conseguiu dar prosseguimento ao tratamento. Seria para aliviar as dores dela, mas o processo foi mesmo muito violento. E nós resolvemos juntos parar com o tratamento.

Ao longo desse período, minha mãe me disse:

– As únicas coisas que eu deixo para você são a minha dignidade e os meus livros. Essa é a minha herança.

Foi dessa forma que ela me escreveu uma carta, se despedindo de mim.

Já que eu era impotente para salvá-la, nós queríamos lhe dar todo o conforto. Montamos um CTI em sua casa, com balão de oxigênio e enfermeiras 24 horas.

Um dia, recebo o telefonema da enfermeira de plantão me dizendo que minha mãe havia piorado muito. Angustiadíssima, como religiosa, eu queria muito que o Frei Betto desse a bênção dos enfermos (antiga extrema-unção). Ele morava em São Paulo. Naquela época não existia celular. Mas, por acaso, eu li no jornal que ele estaria no Rio lançando um livro, justamente naquele dia, com o Chico Buarque, no Museu da República, às três horas da tarde. Era um sábado. Pedi ao meu companheiro Ricardo que fosse até ao Museu da República solicitar ao nosso amigo querido que viesse abençoar a minha mãezinha depois do lançamento.

O impressionante é que a editora não mandou os livros do Frei Betto para o lançamento – só chegaram os do Chico. Enfim, o frei tinha vindo ao Rio especialmente para os autógrafos, que não houve, e acabou indo lá para casa para não só abençoar a mamãe como nos tranqüilizar com as suas orações. Coisa de Deus, de Nossa Senhora, que só a fé explica. Na realidade, ele veio ao Rio especialmente para ficar com a gente.

Enquanto o Frei Betto dava a bênção à minha mãe, eu saí desesperada tentando arrumar um remédio para aliviar as dores dela. Quando cheguei, a cerimônia já tinha terminado, mas ainda tive tempo de abraçá-la muito e dizer o quanto eu a amava, o quanto eu era grata por ser sua filha.

Meus tios e os inúmeros amigos me confortavam dizendo que mamãe estava inconsciente, mas eu tinha certeza que não. Ela me escutava e sorriu quando ouviu minha voz.

Não vi minha mãe morrer, não tive coragem de acompanhar os momentos finais, muito dolorosos. Preferi ficar na sala, mas tenho a consciência tranqüila de que me despedi muito dela, ficando todo o tempo do mundo ao seu lado e fazendo o que podia para aliviar o seu sofrimento.

O câncer, de fato, é uma doença horrível, difícil de lidar. É como se fosse um bicho comendo a pessoa por dentro.

Quem tem câncer, ou acompanha alguém que tenha, está sempre com uma faca apontada para o pescoço. É como se andássemos num corredor cheio de facas. Qualquer decisão errada que tomemos pode ser fatal. E, qualquer que seja a decisão, nem sempre depende só de nós.

Não sei até que ponto é conveniente a cura do câncer. Há muito comércio envolvido: remédios, quimioterapia, radioterapia... Eu comparo o câncer com a indústria de armas. Será que, para esse ramo comercial, interessa acabar com a criminalidade? Acho que não, acho que não. São carros blindados, alarmes, firmas de segurança que crescem sem parar. Com o câncer acontece algo parecido. É claro que existem ótimos médicos e profissionais de saúde, humanos e competentes. Mas, sinceramente, tive momentos acompanhando minha mãe em que observei que nem todo mundo gostaria que o câncer deixasse de existir.

Quando procuramos um médico, estamos procurando a esperança. Ele é o guardião desse sentimento. É o guardião da cura. Acho que nenhum médico nem nenhum diagnóstico podem tirar o otimismo e a esperança de alguém. Os amigos e as pessoas em volta também são fundamentais para a recuperação, para o bem-estar de quem está enfrentando um câncer.

Minha mãe era agnóstica, não acreditava em nada. Só acreditava no amor que nós tínhamos por ela. E o médico também pode ser amoroso com as pessoas. Afinal, estamos nas suas mãos. A confiança que o médico dá ao paciente é de fundamental importância para a sua recuperação.

Acho que, no fundo, a gente nunca se recupera totalmente de uma perda tão dolorosa. Eu chorei muito quando soube que a minha mãe ia morrer. E ela me ajudou muito também. Foi um choro à prestação – eu precisava segurar a barra dela, a do meu pai e a minha. Não tenho nenhum sentimento de culpa. A saudade existe e não vai embora nunca. A revolta contra essa doença também persiste.

Quando nasci, a minha mãe escreveu um poema e, para a missa de sétimo dia, também escrevi uns versos em resposta. Obviamente quase não consegui ler, de tanto que eu chorava. Cheguei cedo. A igreja estava lotada. E só para você ter uma noção mais ampla de quem era a minha mãe, além dos parentes e amigos do meu lado, na frente, estava o guardador de carros das Casas Sendas. Minha mãe dava cheques em branco assinados para ele fazer compras para ela, você acredita? O nome dele era Martinho. Ele comprava tudo certinho, prestava contas, e minha mãe o ajudava muito. Outro que estava lá era o Manuel, um mendigo que dormia todas as noites no chão, em frente ao escritório do meu pai. Um dia, abrindo a porta do escritório, meu pai disse para ele:

– Chega, rapaz, a partir de hoje você vai ser meu vigia, não pode beber mais. Vá tomar um banho, para começar.

De banho tomado e roupa nova, que o meu pai comprou, o Manuel trabalhou para ele, e depois foi ser porteiro – enfim se acertou na vida. E o Manuel gostava muito da minha mãe. Também estava na missa o Jadir, um policial comunitário que ficava numa guarita em Botafogo durante o dia. Queriam transferi-lo para o turno da noite, mas ele não podia porque a mulher era enfermeira do Miguel Couto de madrugada e os dois se revezavam ficando com o filho. Então, minha mãe passou um abaixo-assinado, sozinha, de porta em porta, em todas as lojas da região, e foi pessoalmente ao comandante do batalhão para pedir pelo policial, e o comandante aceitou o pedido. Essas pessoas passaram a fazer parte da minha família também. Enfim, minha mãe foi realmente uma pessoa muito especial, adorada por muita gente.

Meu pai, Leopoldo José Teixeira Leite, que é vivo, teve câncer também. Ele precisou tirar metade do pulmão. Um dia teve uma indigestão e começou a vomitar. A atual companheira dele, preocupada porque o meu pai é diabético, levou-o para a emergência da Clínica São Vicente com suspeita de problema no coração. Mas, depois de todos os exames, os médicos descobriram, pela tomografia, um tumor do tamanho de uma laranja. Então, ele foi operado urgentemente e, por sorte, conseguiu sobreviver. O câncer estava grande, mas ainda não tinha se alastrado. Não precisou nem fazer quimioterapia. Se não tivesse passado mal com aquela comida, provavelmente não teria sido internado, não teria feito aquela bateria de exames, enfim, não teria sobrevivido. Esse câncer o meu pai teve em 2001, e hoje, felizmente, três anos depois, ele está muito bem, com 82 anos de idade. Até hoje ninguém sabe por que exatamente meu pai passou mal. Mas foi justamente esse mal-estar que o salvou. Meu pai sempre foi muito doente, é diabético, teve pancreatite, toma insulina duas vezes por dia. Jamais imaginei que minha mãe morreria antes dele.

Então, minha mãe morreu aos 70 anos e se despediu de todo mundo. Quem ligava para minha mãe, ouvia dela:

– Você sabe que eu estou morrendo, né?

Aí as pessoas me ligavam desesperadas. Ela se despediu de todos os seus amigos com uma lucidez impressionante. Ela dizia:

– Eu vou morrer, não tem jeito. Vocês precisam aceitar isso.

Ela arrumou os seus livros, cuidou de todos os detalhes. Nós não tivemos trabalho nenhum para arrumar nada depois que ela morreu.

Mamãe era jornalista. Ela foi pioneira na televisão brasileira. Todas essas fórmulas de programas femininos foram criadas por ela. Seu programa se chamava *Programa Edna Savaget*. Ela começou na Rádio Nacional, depois passou pelas rádios MEC e Tupi. Trabalhou na TV Tupi, na Continental, e foi uma das responsáveis pela criação da TV Globo. Tenho até hoje uma carta do Mauro Salles pedindo à Tupi autorização para que a minha mãe participasse da criação da Globo. Porque, na época, não havia profissionais de televisão. Ela foi coordenadora vespertina da Globo durante seis anos. Depois voltou para a Tupi. Trabalhou na TVE, no SBT e na Record.

E, quando estava com 35 anos de televisão, minha mãe disse que ia parar enquanto os holofotes estavam acesos para ela. Mas acho que ter parado de trabalhar foi o pior que fez na vida. Não se pode parar de produzir. Isso inibe o sonho, a vontade de viver.

*"Quando procuramos um médico, estamos procurando a esperança. Ele é o guardião desse sentimento. É o guardião da cura."*

*Luciana Savaget*

Arquivo pessoal

*Bruno Calabria, Creuza, Daniela Calabria e Vera Calabria*

## *Daniela Weyting Calabria, jornalista*

*por sua mãe e seu irmão Vera e Bruno Calabria*

A Daniela descobriu, por acaso, que tinha câncer. Ela praticamente não ia ao ginecologista. Vivia quase o tempo todo por conta do seu trabalho, por conta do jornalismo. Ela trabalhou no Centro de Documentação da TV Globo, no Segundo Caderno do jornal *O Globo* e no jornal *Extra*. Amava muito a sua profissão, mas tinha uma vida terrivelmente estressante, dormindo à custa de remédios, correndo de um fechamento para outro na redação, sem horários, sempre tensa. Nessa época, numa das poucas vezes em que procurou um especialista, por causa de fortes dores que estava sentindo, um pouco antes ela tinha feito um exame de Papanicolau com uma ginecologista. Esse exame doeu muito, mas a médica, em vez de investigar a causa das dores, deixou passar. Foi o primeiro erro no caso da Daniela. A médica deveria ter investigado que dor era aquela. Mas não o fez nem disse nada. Já nessa época a Daniela reclamava de dores na região do útero. Ela simplesmente se tratava com compressas de água quente. A dor até melhorava um pouco, mas depois voltava e persistia.

Com o passar do tempo, sem melhora, ela procurou outra médica. E essa segunda profissional, por meio de um exame, detectou o que seria uma endometriose. Da mesma forma que a primeira, essa médica também não detectou o câncer que já estava lá, mesmo depois de operar a Daniela, por conta da endometriose, que é formada por pedaços de pele necrosados, decorrentes da menstruação, que permanecem no útero. Enfim, essa médica também não pediu sequer uma biópsia para ela. E, segundo outros médicos que consultamos depois, é impossível uma pessoa fazer uma operação de endometriose e não verificar a existência de um tumor na região.

Depois disso, a Daniela foi a outra médica, com esse diagnóstico de endometriose que ela realmente tinha. Super-respeitada e famosa, essa médica receitou-lhe hormônio. Ela também não pediu nenhuma biópsia, não se deu ao trabalho de investigar com cuidado se a Daniela poderia estar com outro problema além da endometriose. E mais uma vez a nossa filha e irmã foi em frente, sem saber que tinha câncer.

De volta à evolução da doença: depois de tomar hormônio, a Daniela continuou com aquela dor incessante. Então, um dia, uma amiga da Dani, preocupada, recomendou que ela fosse a outra médica, a Dr.ª Adriana, ginecologista, que a atendeu muito bem, e, pelo telefone, sem olhar exame nenhum, só de ouvir a descrição do caso, disse que iria interná-la no dia seguinte para uma ampla investigação. Foi só aí que o câncer foi descoberto. Mas aquela peregrinação de equívocos e de incompetências atrasou muito esse diagnóstico. O câncer já tinha se alastrado pelo corpo da Daniela. Já havia metástase no pulmão, no fígado, no intestino, no reto, no canal vaginal... O câncer dela teve origem no colo do útero e se espalhou. Assim, partimos para uma quimioterapia severa, lutamos com todas as nossas forças e, apesar de uma expectativa de vida de apenas alguns meses, Dani teve uma sobrevida de dois anos e meio.

Ela lutou com toda a dignidade, lutou muito, muito mesmo, chorando às vezes, claro, mas sem autocomiseração, sem raiva do mundo, sem buscar culpados, apesar de todo aquele sofrimento e toda aquela angústia que toma conta da pessoa, da família e dos amigos numa situação dessas. Dani sempre dizia que queria ser lembrada pela coragem com que enfrentou a doença. De fato, ela sempre enfrentou tudo de cabeça erguida, com toda a dignidade. Teve melhoras significativas, depois piorou de novo, sem jamais deixar de lutar, até o momento em que percebeu que não havia mais jeito mesmo, que não havia mais nada a fazer, que não havia mais como resistir à doença. Deixou seus pertences e o quarto organizados, anotou seus últimos desejos e todos foram cumpridos à risca por nós. E a realidade é que, no meio disso tudo, você passa a viver o seu pequeno inferno. As pessoas continuam conversando, rindo e andando pela rua, os carros continuam buzinando, os filmes continuam passando no cinema, a televisão continua apresentando os seus programas – é como se você estivesse numa outra realidade, num outro mundo, em meio à vida que não pára.

Sem parar de viver, nesses dois anos e meio de luta, a Daniela ainda nos deu muitas alegrias. Fez um curso de culinária e nos brindou com vários pratos e sobremesas deliciosas. Pintora formada no Parque Lage, expôs seus trabalhos em duas coletivas ao lado de artistas como Palatnik e Oiticica. E foram muitos os passeios com amigos, com seu poodle Tutu e com os colegas do trabalho. Conversamos sobre tudo o que tínhamos para conversar. Nada ficou para ser dito. E todas esses diálogos valeram a pena, sem dúvida. Dani também falou sobre tudo o que queria e precisava com outras pessoas, dentre elas o pai, que ela não via há 20 anos.

Também fizemos questão de registrar o carinho e a delicadeza da equipe do jornal *Extra* para com a Daniela, durante todo o processo. Nós jamais os esqueceremos, bem como de todos os que colaboraram para que a sobrevida dela fosse a melhor possível. E, para lembrar ainda mais da Daniela e do seu modo de encarar a vida, gostaríamos de reproduzir um texto que ela escreveu em 1979, quando tinha 15 anos: "Deste mundo / Quero exigir tudo a que tenho direito / Quero abusar do direito de sentir a dor / Quero amar, perder e cansar."

Para concluir, depois dessas lembranças, o que sugerimos a todo mundo, hoje em dia, mais do que tudo, é sempre ouvir outras opiniões de médicos, principalmente quando um sintoma de doença persistir sem um diagnóstico preciso. Nós lidamos com uma série de episódios de incompetência, imprudência e descaso de médicos, mas, por outro lado, também encontramos profissionais de altíssimo nível, que nos deram muito apoio e foram muito sensíveis e competentes, na medida do possível. Alguns desses bons médicos também eram muito respeitados no meio; outros não eram tão conhecidos. Por isso, por mais que o médico seja conhecido e conceituado, por mais que seja o medalhão dos medalhões, se alguma coisa estranha persistir, temos que ouvir outros profissionais e agir o mais rápido possível, sem adiar exames, sem adiar cirurgias, sem adiar providências.

Arquivo pessoal

*Narciso*

## *Narciso, ex-jogador de futebol da seleção brasileira, auxiliar técnico do Santos*

Todo atleta faz sempre exames de rotina. Num desses exames, em janeiro de 2000, descobri que os meus leucócitos estavam acima do normal. Depois repeti o exame, e essa taxa estava ainda mais avançada. Então, procurei uma especialista de São Paulo e novos exames de sangue confirmaram que eu estava mesmo doente, que tinha uma leucemia mielóide crônica.

É muito difícil receber uma notícia dessas. Tive vontade de desaparecer. Depois de uns três dias muito chateado, muito triste, procurei saber mais sobre a doença. Por conta própria, busquei informações na internet, conversei com pessoas que passaram pelo mesmo problema, enfim, fui aprendendo aos poucos, para saber como lidar com aquela situação. É claro que ter um organismo bom me ajudou muito a enfrentar essa doença. Ah, e ter descoberto logo no começo foi outro ponto fundamental para eu superar tudo.

Do tempo em que descobri que estava doente até fazer o meu transplante foram quatro meses e pouco. Foi tudo bem rápido, graças a Deus.

Em 2000, quando soube da doença, eu estava em plena atividade, no auge da minha carreira, com 25 anos de idade, próximo de disputar a Copa do Mundo do Japão e da Coréia. Afinal, eu tive uma seqüência muito grande de convocações para a seleção brasileira. Tinha acabado de ser negociado pelo Santos para o Hertha Berlin, da Alemanha, enfim, estava realmente passando por um momento maravilhoso no futebol.

Isso tudo me abalou muito. Influenciou bastante o meu lado psicológico e emocional. O dia-a-dia de viagens, de concentração, de treinos e jogos, tudo aquilo precisou ser interrompido. Senti muito ter que parar minha atividade profissional num momento tão bom; para mim foi bem difícil. Mas, naquele instante, tudo o que eu mais queria, na realidade, era cuidar da minha saúde e me recuperar.

O que mais me ajudou a seguir em frente, nessa fase, foi a fé e, acima de tudo, minha família. Afinal, por mais que você tenha fé, se não tiver o apoio da família, se não tiver uma base afetiva forte, fica realmente dificílimo lutar contra uma doença tão grave.

Minha família sempre ficou do meu lado. Quando eu estava feliz, eles sorriam comigo, e, se eu ficava triste, eles me faziam sorrir e alimentavam o meu pensamento positivo. Outra coisa que me fez lutar demais foi pensar que precisava sobreviver para cuidar do meu filho – e eu também queria muito ter outra criança. Hoje, cinco anos depois, tenho dois filhos pequenos. E eles são uma fonte de inspiração para mim.

Fiz tratamento até 2002 e cheguei a voltar a jogar futebol profissionalmente, pelo Santos, em 2003. Pelo que sei, foi um caso único na Medicina esportiva. É claro que nunca mais fui o mesmo atleta. Eu jogava na zaga e no meio-de-campo, sempre com muita força e muito vigor. O futebol se tornou extremamente dinâmico, exigindo cada vez mais o uso da força, muitas vezes até mais do que o da técnica. Depois do transplante, a pessoa também fica com a resistência muito baixa, e eu tinha que treinar no frio, no calor, sob chuva, de toda forma, como todo jogador, claro. Eu ficava gripado muitas vezes. Treinava 20 dias e ficava quatro, cinco dias ruim; enfim, isso me prejudicava e me preocupava demais. Por tudo isso, foi ficando bem difícil continuar. Então conversei com o meu médico e achei melhor parar.

No transplante eu perdi 21 quilos, principalmente por causa da grande quantidade de remédios que tomei. Felizmente não tive nenhuma conseqüência grave e consegui recuperar minha massa muscular, superar muitos obstáculos, sobretudo para comprovar que é possível ultrapassar barreiras quando temos força de vontade e apoio de outras pessoas.

No Hospital das Clínicas, numa das alas onde fiquei internado, morreram seis pessoas, só eu sobrevivi. Isso me motivou a deixar um exemplo para todo mundo de que realmente podemos lutar e vencer a leucemia. O medo existe, sim. Ele persegue a gente o tempo todo. Mas a garra de sobreviver é muito grande, e depois que superamos a doença vemos que o esforço valeu a pena. Sei também que muitas pessoas torceram pela minha recuperação, o que me ajudou bastante. O pensamento positivo, a fé, o apoio das pessoas realmente são essenciais para quem precisa superar um problema tão grave como esse. Recebi muitas cartas, muitos telefonemas, muitas visitas.

A doadora da medula foi a minha irmã, Nilza dos Santos. Ficamos ainda mais unidos depois desse gesto. A Nilza diz até hoje que ter salvado a minha vida é como se ela tivesse tido outro filho. O transplante foi realizado num hospital de Curitiba, o mesmo onde o Giba, da seleção de vôlei, fez. Só que ele fez o transplante quando era bem criança. Nesse caso é mais fácil o transplante dar certo, porque o seu corpo ainda não está formado.

Na hora em que nós sabemos que estamos com uma doença grave, queremos largar tudo. Se estamos estudando, não queremos ir mais à escola; se estamos trabalhando, não temos mais vontade de trabalhar. A doença faz de tudo para tirar o nosso ânimo; todos os dias nós temos vontade de desistir. Por isso, precisamos ter perseverança e nos cuidar, fazendo exames e procurando ter uma vida o mais saudável possível.

Salvador Scofano / Agência O Globo

*Dudu Braga*

## Cleonice Rossi

*por seu filho* **Dudu Braga**, *produtor e apresentador*

Minha mãe teve câncer na mama. Ela ia sempre ao médico, fazia todos os exames solicitados e disponíveis na época. Ela costumava ir de seis em seis meses ao ginecologista. Mas acabou descobrindo esse tumor pelo auto-exame, pelo toque, em dezembro de 1988. E em maio de 1990 veio a falecer. Na época eu tinha 19 anos. Sabia que o câncer era uma doença grave, mas achava que bastava um tratamento para curá-la.

Assim, minha mãe fez mastectomia, num lado só, e não aquela radical. Depois fez quimioterapia, e eu achava que estava tudo tranqüilo. Os médicos também nos diziam que estava tudo bem. Mas, de repente, em janeiro de 1990, ela começou a sentir falta de ar e, quando percebemos, já havia metástase. Então, no dia 6 de maio, eu perdi a minha mãe. Ela estava com 49 anos, era cheia de vida. Foi um drama muito difícil de superar.

Até então eu não sabia da gravidade do quadro. Tomei mesmo ciência da situação conversando com minhas irmãs. E aí foi um momento bem complicado. Ainda existe o tabu de se falar na doença. E não falar dificulta ainda mais o problema.

Depois, eu tive um problema de visão e fui fazer um tratamento no Texas. Lá fiquei muito amigo de uma pessoa, a Neuzinha. Ela me ajudou muito a lidar com a dor de ter perdido a minha mãe. Fiquei dois anos por lá, e essa amiga tinha câncer no ovário. Às vezes, passávamos mais de quatro horas ao telefone, de madrugada, conversando. E a Neuzinha foi tendo uma recuperação lenta e gradativa.

Nesse ínterim houve o caso da Maria Rita, esposa do meu pai (Roberto Carlos), que foi muito rápido. Mais rápido do que o da minha mãe. De fato, o problema dela foi ainda mais devastador. Não sei se isso é pior ou melhor. A Neuzinha, minha amiga, faleceu um ano depois da esposa do meu pai.

Na realidade, a recuperação da pessoa depende muito de vários fatores. Depende do tipo de câncer que ela tem, do estágio em que é descoberto, do tratamento que é feito, da forma como ela encara a doença, do apoio afetivo, do apoio médico, depende das circunstâncias, de muitas coisas mesmo.

Acho que antigamente muitas pessoas morriam de câncer, pois nem sabíamos direito o que era. Na década de 1950, um câncer de estômago poderia ser diagnosticado como uma gastrite, não sei.

Não sou um cara super-religioso. Sou católico, vou à igreja eventualmente, mas a minha religião é essencialmente fazer o bem. Acho que a espiritualidade dá um certo conforto à pessoa que está passando por isso. Sinceramente, não sei como a minha mãe, como a Neuzinha e como a mulher do meu pai teriam enfrentado o câncer, se não tivessem fé. Mas é claro que isso varia de pessoa para pessoa. Tem gente que encontra outras formas de se confortar, de se apegar à vida, de alimentar a sua própria auto-estima para superar essa doença.

Minha mãe sempre foi muito religiosa. Ela conheceu o meu pai por meio do Orfanato São Judas Tadeu, quando ela foi pedir para ele um show beneficente. Ela tinha muita fé em São Judas. Seu estilo de fé era bem light, mas ela estava sempre ali, rezando, indo à missa quando podia, ajudando as pessoas.

E tem uma questão: quando eu vi minha mãe, depois que ela faleceu, a sensação foi de paz. Ela estava com uma expressão tranqüila, sem aquela testa enrugada, sem tensão. Na época eu enxergava. Perdi a visão em 1992, dois anos depois de ela falecer. E olhar minha mãe com uma expressão serena me passou uma coisa muito boa. Mas, quando nós conhecemos várias pessoas que tiveram câncer, é uma barra.

O câncer ainda é uma doença misteriosa. Com a maior das boas intenções, os médicos estão sempre nos dizendo, de certa forma, que vão tentar fazer isso ou aquilo para salvar a pessoa. E eu acho que essa doença, de fato, ainda é desconhecida até mesmo dos próprios médicos. Então, só resta nos cuidarmos e buscarmos o máximo de informação sobre o assunto, na medida do possível, claro, para sabermos lidar com isso. Ou, pelo menos, para tentarmos lidar da melhor forma com uma doença tão violenta.

O fato é que quem teve câncer e se curou às vezes nem chega a comentar sobre a doença. Muitas vezes, pessoas próximas a nós tiveram câncer e nem soubemos. Por isso, pensamos que há mais pessoas que morrem do que aquelas que se salvam. E nem sempre é assim. O câncer é uma porrada na vida da gente. Entretanto, a realidade é que cada vez mais pessoas estão se salvando. E é nisso que precisamos acreditar.

No meu caso, tive essa vivência com mulheres. Minha mãe, a mulher do meu pai, a minha amiga Neuzinha. Ah, e teve a Duda, cantora que eu lancei e que teve câncer de origem linfática, aos 24 anos, mas que ficou totalmente curada. E acho que para a mulher, principalmente pela vaidade feminina, essa doença é ainda mais dura de enfrentar do que para os homens. Não por falta de força. Geralmente as mulheres são até mais fortes do que nós. Mas a vaidade, a perda de cabelo, as possíveis mutilações, enfim, tudo isso torna ainda mais doído o câncer para a mulher.

Quando descobri que realmente o câncer da minha mãe era da pesada, eu tive muita vontade de ficar mais tempo com ela. Mas não deu, porque ela faleceu logo em seguida. E acho que, quando há tempo, é preciso dar muito ombro, muito ouvido, muito colo para a pessoa que está passando por isso. Temos que dar todo o apoio afetivo e não deixar nunca de correr atrás da cura. Por outro lado, se não for possível salvar a pessoa, não esconda os seus sentimentos, aproveite tudo o que a dor lhe permitir para crescer e não guarde essa dor no coração. Use-a para crescer, não a cultive para não cair no "por quê". E o "por quê" é um problema, pois você acaba ficando rancoroso. Afinal, alguns vão mais cedo, outros vão mais tarde, mas um dia nós também iremos, não tem jeito. O que vamos fazer nesse tempo só depende de nós.

Arquivo pessoal

Arquivo pessoal

*Geraldo Walter e Nizan Guanaes (foto menor)*

# *Geraldo Walter,*

## *publicitário da 1ª campanha de Fernando Henrique Cardoso*

*por seu sócio* **Nizan Guanaes**, *publicitário, sócio da agência África*

Olha, eu me lembro exatamente do dia em que fiquei sabendo que o meu sócio, Geraldo Walter, estava com câncer. Estávamos na porta da DM9, e o Geraldo me contou que havia feito um exame e descobrira que estava com câncer no fígado. Ele me deu aquela notícia com uma força enorme. É claro que quando uma pessoa lhe dá uma notícia dessas nunca fala nada assim, do tipo "eu vou morrer amanhã". É sempre "há uma possibilidade".

Possibilidades à parte, o fato é que ele estava sentindo uma azia e recebeu esse diagnóstico, muito claro. O câncer era em um lugar que não tinha como operar, não havia muita chance de cura. Aliás, não havia nenhuma chance de cura, praticamente. Então foi tudo muito definitivo desde o início. O Geraldo era muito guerreiro e no começo tocou aquilo muito de frente. Ele coordenou a própria morte. Ele realmente coordenou a doença e a morte. Lutou até o fim e deixou tudo arrumado, tinha uma força impressionante mesmo. O que resta dizer é que ele se despediu das pessoas.

Geraldo era absolutamente disciplinado; ele fez todo o ritual da morte, eu acho até que para o tipo de câncer que tinha ele lutou demais. Por que, não sei. Talvez o meu sócio devesse ter ficado sentado num lugar tomando vinho e vendo a brisa do mar, já que não tinha muitas chances. Mas não, de jeito nenhum, ele lutou até o fim, sofreu muito, foi para os Estados Unidos, lutou imensamente, tentou tudo. Mas era uma coisa que não tinha remédio, definitiva. E mesmo assim ele tentou tudo.

Em que aspectos é possível tirar lição de uma experiência assim? É aquela frase do Hemingway, que o homem pode até ser destruído mas não pode ser vencido. Estamos falando de uma pessoa que aos 42 anos morre, porém não foi vencido. Isso é verdade. De qualquer forma é um golpe absolutamente devastador.

Uma coisa positiva no meio dessa devastação foi a manifestação de afeto das pessoas. Houve muita solidariedade, e acho que alguns exemplos de muita dedicação, como a Iara (Barbizan), companheira do Geraldo, o Rui (Rodrigues), o Rodrigo, a Ana Maria, o Guga (João Augusto Valente) e todos os irmãos. Acho que houve muita dedicação das pessoas próximas do Geraldo.

Sobretudo, sublinho aqui, a Iara e o Rui, de fato sempre muito dedicados. Eu acho que ele teve, digamos assim, muito cuidado, muito afeto, muito carinho, até porque a situação era absolutamente comovedora.

É difícil acreditar que alguém tão novo, tão bem-sucedido, uma pessoa no auge da sua carreira, no auge do sucesso da DM9, vitorioso, inteligentíssimo, uma pessoa genial, entra no hospital, obtém um diagnóstico de câncer terminal em pouquíssimo tempo e consegue, meu Deus, com tamanha dignidade e de uma maneira tão guerreira, lutar para sobreviver. Se não é possível ver naquela coisa horrível, naquele momento tão triste, alguma beleza, é de tirar o chapéu para a força humana. E eu acho que existe algo divino nessa força. Geraldo não era uma pessoa muito religiosa, mas havia mesmo alguma coisa divina naquilo, uma lição de vida naquela morte.

Qual é a importância de fazer exames preventivos em relação a isso tudo? Bem, minha resposta é: toda, toda, toda. Afinal, se for possível salvar uma pessoa, 2, 10, 30, 40 vezes fazendo exames, isso é fundamental. Porque a realidade é que perder uma pessoa tão talentosa de uma maneira tão prematura é desolador. Então, é melhor ser tachado de paranóico do que ser pego assim de surpresa. É claro que existem imprevistos na vida. Nem sempre fazer todos os exames vai adiantar, mas de uma forma ou de outra é necessário nos cuidarmos.

*"Se não é possível ver naquela coisa horrível, naquele momento tão triste, alguma beleza, é de tirar o chapéu para a força humana. E eu acho que existe algo divino nessa força."*

*Nizan Guanaes*

Arquivo pessoal

*Luciana, Ivan de Souza, Gilda Westin e Beatriz*

# Gilda Westin de Conzenza

*por Ivan de Souza Conzenza, filho e titular da obra de Henfil*

Minha mãe (Gilda Westin de Conzenza) teve câncer, lutou da melhor forma possível contra ele e conseguiu superá-lo. Ela costumava fazer mamografia todo ano. Numa das vezes em que fez, eu estava junto. E justamente eu, que nunca tinha visto uma mamografia, percebi que havia alguma coisa de errado. Foi quando atentei para um ponto esquisito que destoava do resto da chapa. Então, perguntei ao médico o que era aquilo. Mas o médico me respondeu que não era nada. Foi esse o laudo que ele nos passou.

No ano seguinte, vi que aquele ponto estava um pouco maior, mas, como o médico tinha dito que não era nada, não tomamos nenhuma providência. Depois, no outro ano, por algum problema que não lembro, minha mãe deixou de fazer o exame. No ano posterior, ela fez novamente e, dessa vez, com outro médico: tivemos o diagnóstico de que ela estava com câncer. Aquele ponto, ou seja, o tumor, estava com o dobro do tamanho.

Depois desse diagnóstico foi feita a cirurgia. Foi quando pude ver o absurdo que muitas vezes acontece, em termos de falta de estrutura, na rede pública de saúde. No caso, após a retirada do tumor em volta da mama, é feita uma biópsia para verificar se a pele que ficou foi atingida. Numa clínica boa, num hospital bom, isso normalmente é feito na hora e eles aguardam. Se o tecido que ficou ainda estiver com tumor, eles vão retirando e fazendo biópsias até ver que não existe mais nada. No caso da minha mãe, o tumor foi retirado, pegou-se o tecido que sobrou e a biópsia só ficou pronta uma semana depois. Quando o procedimento é feito dessa forma, depois da cirurgia, a pessoa vai para casa e fica mais uma semana esperando para ver se ainda está com o tumor. E o câncer não espera.

Então, a partir do momento em que se verifica que o corpo ainda tem tumor, marca-se uma nova cirurgia. Assim, lá se vai mais tempo de espera. E muitas vezes a pessoa acaba fazendo várias cirurgias. Cada vez que descobriam que ela precisava ser operada de novo, marcava-se uma nova cirurgia. Nessa história, minha mãe fez três cirurgias em 30 dias.

Isso foi se transformando numa novela. Outra coisa que aconteceu, por exemplo, foi que os médicos retiraram todos os linfonódulos do braço esquerdo da minha mãe. Depois, descobrimos que esse procedimento não é mais usual. Na realidade, o certo é que se retire só os linfonódulos afetados. Ela ficou muito inchada, perdeu a drenagem de líquido e parte da sensibilidade do braço e ficou sem defesa imunológica na região. Até hoje, qualquer machucado que tenha no braço esquerdo precisa ser tratado como se fosse um ferimento grave, para não infeccionar nem inflamar.

Além disso, quando minha mãe foi fazer a reconstituição do seio, deram a ela várias opções. Uma das possibilidades seria a retirada do músculo do abdômen para recompor o seio. Nesse caso, não precisaria de prótese. Da maneira como foi passada essa possibilidade, ela achou que seria a forma mais natural, porque assim não teria nada artificial no seu corpo. Mas depois também descobrimos que essa técnica não era a mais usual, porque era muito propensa a infecções, pois a pessoa acaba sofrendo uma cirurgia dupla, no abdômen e no seio ao mesmo tempo. Pelo que entendi, a musculatura do abdômen segura os órgãos dessa região. Ao retirá-la, provoca-se um resultado horroroso.

Na época, minha mãe tinha 55 anos e chegou a fazer esse procedimento. Houve uma rejeição, deu problema de infecção na barriga e no seio, a costura do seio necrosou e ela sofreu uns três meses com isso. No final, os médicos foram retirando a pele aos poucos e ela acabou perdendo tudo o que havia sido implantado. Foi criado um problema onde não existia, ou seja, no abdômen. E até hoje ela tem dores muito fortes na região. Tudo feito sem o menor cuidado. Fecharam o corte do abdômen como se estivessem fechando uma almofada, com a maior displicência, com remendos malfeitos.

Por tudo isso, minha mãe planeja um dia fazer algum projeto, talvez um documentário, que divulgue essas informações para as pessoas que enfrentam uma situação semelhante. Sabe, eu acho que os médicos não podem se comportar como garçons na hora em que apresentam as possibilidades de reconstituição do seio para uma mulher. É como se eles estivessem perguntando: "Olha, você quer um bife bem-passado ou ao ponto?" As coisas não são uma simples questão de preferência, como se você estivesse num restaurante. Há conseqüências que podem ser graves, muitas delas irreversíveis. Se um médico disser a você que precisa tirar todos os linfonódulos, por exemplo, não faça isso, procure outro profissional. As pessoas devem saber o que precisam e o que não precisam fazer. É claro que, no final das contas, elas vão acabar confiando no médico. Mas é fundamental que tenham o máximo de informação.

Penso que uma pessoa que está com câncer não deve tomar certas decisões sozinha. Decidir se vai ou não fazer determinada operação, se vai ou não optar por esse ou por aquele tipo de tratamento. Nesses e em outros casos, é claro que a decisão final é dela, mas acho importante que haja sempre alguém de confiança por perto, de preferência que não seja tão próximo seu, que não esteja tão tenso com a situação, que seja mais tranqüilo, mais sereno, para lidar com o médico de uma maneira lógica e sensata e não simplesmente de forma emocional.

Em situações extremas, para lidar com médicos e advogados, é sempre bom ter alguém com a cabeça fria por perto, para você não fazer besteira. Acho que esse é um modo de evitar certos comportamentos passivos que costumamos ter diante dos médicos. Afinal, quando sabe que está com um tumor maligno, esse é um momento em que a pessoa está muito deprimida, muito arrasada, muito fragilizada. E quem está fragilizado, por mais informação e formação que tenha, muitas vezes toma decisões precipitadas ou atrasadas, enfim, muitas vezes toma decisões erradas, seja por insegurança, angústia, ansiedade, ou por não ter alguém de confiança por perto com a cabeça no lugar para pensar junto, num momento tão caótico.

Arquivo pessoal

*Olavo Bueno e Maria Helena Osório Bueno*

## *Olavo Bueno, ex-vice-presidente do Banco Itaú*

### *por sua esposa Maria Helena Osório Bueno, psicóloga*

Eu me lembro de tudo nesta história. Em 1991, meu marido descobriu um gânglio na região do maxilar. O médico, na ocasião, pediu um exame de sangue, que não apontou nada. Mesmo assim o médico sugeriu que tirasse o gânglio para ver o que era. Desse modo, fomos a um especialista em cabeça e pescoço e ele fez uma cirurgia enorme, uma biópsia, que também não deu nada. Os médicos envolvidos na cirurgia disseram que era um caso estranho, porque parecia um linfoma, mas não era. Vários laboratórios examinaram as lâminas e mais uma vez não deu nada.

No começo de 1993 apareceu de novo na mesma região outro gânglio. Ele se operou novamente, com o mesmo médico, no mesmo lugar. Só que, dessa vez, já deu um linfoma de segundo grau. Aí o médico nos disse que, na realidade, aquele gânglio inicial era mesmo um linfoma, de primeiro grau, e que não havia sido identificado.

Dessa forma, seguimos aquela via-sacra pelos médicos de São Paulo, enviando também exames para biópsia nos Estados Unidos e tudo mais. Depois o Olavo fez seis sessões de quimioterapia. E ele era tão forte que não sentia praticamente nada durante aquelas horas de aplicação, só tinha um pouquinho de dor de cabeça e a boca ficava seca. No dia seguinte, já estava trabalhando de novo.

Na segunda aplicação, numa quinta-feira, o cabelo começou a cair. Na sexta caiu mais um pouco e no sábado tudo. De todos os acontecimentos esse foi o mais dramático. Ele não estava preparado para enfrentar uma situação dessas. O meu marido ficou abaladíssimo, foi uma experiência extremamente desagradável. Eu e meu filho do meio, que também se chama Olavo, tivemos que agir rapidamente. Meu marido era um homem tenso por natureza. Quando estava tomando banho, começou a gritar dentro do banheiro. Nós achamos que ele tinha caído e saímos correndo. Mas o fato é que foi ali, no banho, que o cabelo caiu todo, só restaram uns fiapos. E ele gritava, realmente desesperado. Ele era muito cabeludo, tinha o cabelo grosso, meio ondulado. Foi um baque tremendo. Apesar de o médico ter nos preparado para aquela situação, no fundo achávamos que não iria acontecer.

Então, descobrimos um senhor italiano que faz perucas sob medida. Era um senhor muito alegre, muito bem-humorado, que trouxe um alívio naquele sábado tão traumático. E a peruca ficou maravilhosa. O resultado foi realmente muito bom. Mas não tem jeito, a gente sempre percebe que um homem está de peruca, por melhor que ela seja. Além disso, era muito difícil de colocar, um trabalho demorado. Eu o ajudava a pôr a peruca todos os dias pela manhã. Mas, antes mesmo de a peruca ficar pronta, meu marido foi trabalhar de chapéu, no Itaú, sozinho numa sala. Porque a cúpula do Itaú achou que seria melhor não divulgar que o Olavo estava doente. Como o Olavo era o vice-presidente financeiro do banco, seria melhor não espalhar a notícia. Assim, ele chegava pela garagem, ficava nessa sala, recebia pessoas lá, mas não saía, almoçava lá, fazia tudo naquele espaço. Nesse período, pouquíssimas pessoas no banco sabiam que ele estava com uma doença tão grave.

Depois, no final de 1993, fomos ao Memorial Hospital, de Nova York, consultar um especialista. E o médico de lá nos disse que ele tinha se recuperado muito bem, que provavelmente estava curado e que o Memorial não teria feito melhor do que os médicos brasileiros – enfim, o trabalho tinha sido muito bem-feito.

Com o passar do tempo, não me lembro exatamente em que ano, tudo continuava bem, de acordo com a tomografia e outros exames, até que começaram a surgir outros gânglios, assim como um novo linfoma de primeiro grau. Ele aparecia, desaparecia e aparecia de novo. Enfim, meu marido foi sendo monitorado, a vida foi seguindo. E o médico sempre o aconselhava:

– Olavo, você precisa parar de fumar e também se acalmar. Você não deve ficar tão tenso, tão ansioso, tão nervoso.

Meu marido dizia que fumava justamente para se acalmar, que ele era assim mesmo, que não tinha jeito (ele fumava dois maços por dia, desde os 15 anos de idade). Chegou até a diminuir o número diário de cigarros mas não parou. Até que um dia uma tomografia do tórax mostrou que estava com um pequeno caroço no pulmão. Chegamos a ir ao MD Anderson Hospital, em Houston, nos Estados Unidos, e o médico de lá sugeriu que ele não operasse e fizesse radioterapia. Mas os médicos brasileiros acharam melhor operar. E no dia do aniversário do Olavo, 25 de novembro de 1997, ele foi operado. Foi retirada a parte superior do pulmão direito, mas já era um carcinoma de fumante, de grau três. E o médico disse:

– Olha, agora o quadro está complicado.

Desse modo, os médicos decidiram que não havia o que fazer. O Olavo preferiu não contar nada para ninguém e pediu que nós também não contássemos.

Logo depois da cirurgia, ele voltou a trabalhar com a tenacidade de sempre, mas já muito preocupado, porque sabia que a situação era realmente difícil.

Em seguida, no final de 1998, ele começou com uma tosse. E descobriu, depois de novos exames, que estava com um tumor no mediastino. Enfim, já era uma metástase. Voltamos aos Estados Unidos para outros exames, mas eles também nos disseram que não havia muito o que fazer. Olavo ainda se submeteu a aplicações de quimioterapia toda semana, mas passou muito mal. Ele já estava bem mais enfraquecido. Depois, em dezembro, nos mudamos para uma casa que estávamos construindo. Passamos o Natal em casa. Em janeiro, ele chegou também a fazer radioterapia, mas não adiantou nada. O tumor continuava a crescer. E em fevereiro ele teve que pôr uma sonda gastroestomacal, porque já não passava mais nada pelo esôfago, que estava muito estreito por conta do tumor. Antes, o Olavo tinha feito vários alargamentos de esôfago, para deglutir a sopa, mas acabou pondo a tal sonda. Dali para a frente, tudo ficou muito difícil. Ele começou a ter dores e desconfortos horríveis. A coluna começou a doer muito, por causa da pressão no tórax. E ele já tinha uma coluna operada, devido a uma queda do cavalo, quando tinha 16 anos.

Nesse período, ele começou a fazer Reiki, e se aliviava das dores com esse procedimento, mas a situação piorava, de fato, cada vez mais. O pescoço foi ficando um pouco torto, por causa da coluna, e o tumor cresceu de tal modo que pressionou a veia cava e provocou um derrame linfático no braço direito. E o braço ficou imenso – o desconforto foi ainda maior. Por mais que o Olavo fosse tão forte e pragmático, por mais que ele tivesse estudado a própria doença e conversado abertamente com todos os médicos, por mais que soubesse que a sua situação era irreversível, ele tinha atitudes que demonstravam sua esperança e sua determinação de continuar a viver. Um dia, por exemplo, ele contratou um carpinteiro para fazer um suporte para o seu braço. Ele mesmo fez o desenho do suporte. O Olavo tinha muita habilidade para essas coisas. E não reclamava de nada, apesar de tudo.

No final de março de 2000, ele começou a ter falta de ar. Passou 10 dias no hospital e faleceu no dia 1º de abril, com 57 anos de idade. E num desses dias finais, na última vez que o presidente do Itaú foi visitá-lo, o Olavo, sob efeito da morfina, disse que na segunda-feira estaria de volta ao banco. Todo mundo no banco gostava muito do Olavo. Até hoje falam dele com o maior carinho, com a maior admiração. Ele era muito querido por todos, sem dúvida. E no seu inconsciente estava a responsabilidade e o desejo de voltar a trabalhar. O Olavo nunca gozou férias na vida, no máximo tirava uns quatro ou cinco dias de descanso. Para ele era inadmissível parar de trabalhar. No final de 1999, já bem debilitado, os funcionários se reuniram com ele em nossa casa. Ele não admitia, de fato, parar de trabalhar. Mas, quando percebeu que não havia mais o que fazer, começou a organizar e preparar tudo no banco para quando ele não estivesse mais por aqui. O Olavo começou sua vida profissional na Deca, em 1966, como engenheiro mecânico, e terminou vice-presidente financeiro do Banco Itaú.

Mas olha, quando ficou doente, acho que ele tentou fazer uma revisão das prioridades da sua vida, e chegou a ficar um pouco mais tranqüilo, em determinados momentos, regressando mais cedo para casa, e tudo mais. Alugamos uma casa, compramos bicicletas para passearmos pelo bairro, convidamos os amigos para churrascos, no inverno aproveitávamos a nossa lareira, mas mesmo com tudo isso ele continuava tenso, não conseguia deixar de se considerar auto-suficiente, não conseguia deixar de lutar, ainda mais nervoso, por suas razões e por suas verdades. E também não deixou de ser extremamente responsável e exigente com tudo e com todos sempre. Tudo o que dava certo era porque tinha de dar, tudo o que dava errado era por culpa dele. Então, ele se metia e dava palpite em tudo, com todo mundo, procurava saber de tudo, e ele tinha um QI muito alto; era mesmo muito inteligente, com um raciocínio muito rápido. Nunca se cansava, dormia muito pouco, trabalhava demais. Às vezes era bem difícil acompanhar o seu raciocínio. Uma das coisas de que mais gostava era ouvir música clássica; íamos muito a espetáculos do gênero; ele tinha um ouvido fantástico e tocava piano. Mas, como não praticava, foi perdendo o dom. Ah, e vivia dizendo que quando se aposentasse ia retomar o piano. Mas isso nunca aconteceu.

Bem, Olavo e eu tivemos três filhos: Maria Augusta, que hoje está com 33 anos, Olavinho, que tem 30, e o Alberto, atualmente com 29. Quando o meu marido descobriu que estava doente, em 1993, o Alberto foi fazer o colegial nos Estados Unidos. Foi a primeira despedida, muito dura. Ele já tinha começado a quimioterapia. Em novembro, quando estávamos em Nova York para nos consultar, ele nos encontrou lá. Mas, enfim, o mais difícil de tudo, nesse sentido, foi contar para os filhos sobre o câncer (e o Olavo mesmo contou, e mantinha-os informados, mas não muito informados, porque não adiantaria nada alarmá-los). Sempre dizíamos para eles que a situação era grave, mas que daria tudo certo, mesmo quando não havia mais solução. Mas os três achavam que havia solução. E em maio de 1999 nossa filha foi fazer mestrado na área de Arquitetura em Nova York. Ela tinha dúvidas se deveria ir ou não, mas o próprio Olavo a incentivou a não desistir. Em seguida, veio o diagnóstico da metástase do carcinoma no mediastino. Em agosto, ele foi visitá-la nos Estados Unidos. Mas depois eu acabei contando, sempre ressaltando que não era nada tão grave, que tudo se resolveria, enfim, suavizando tudo da melhor maneira possível, para poupá-los. Depois eles me disseram que foram enganados, que eu deveria ter contado a eles toda a verdade. Só que o fato é o seguinte: se eles tivessem sabido de tudo, naquele momento, ficariam desesperados, poderiam entrar em depressão, provavelmente não teriam viajado para estudar e não ajudariam o pai em nada com isso. Pelo contrário, isso só pioraria a situação, pois a segunda despedida, e a pior de todas, foi quando a filha veio visitá-lo em janeiro de 2000. Foi dramático para todos nós, mas ela voltou para terminar o curso e se formou com distinção.

No fim da doença do Olavo, em agosto de 1999, minha mãe (que nunca tinha ficado doente na vida) teve câncer de mama, de repente, aos 80 anos. E faleceu uns dois meses depois do diagnóstico. Quando descobriu que tinha um caroço num dos seios, ela escondeu de todo mundo, não sabemos durante quanto tempo. Então esse tumor migrou para o cérebro. E nós só ficamos sabendo porque ela desmaiou. Meu irmão chamou o médico, e foi assim que descobrimos o tumor no seio, durante os exames. Fiquei ao lado dela até o final, chorei muito todos os dias, longe dela, obviamente. Eu, que já estava sobrecarregada por causa da doença do Olavo, chorei demais. E ela morreu sem saber que estava morrendo. Minha mãe tinha muito medo da morte. Minha avó materna já tinha falecido de câncer de mama, de forma muito dolorosa, com metástase nos ossos, sofrendo durante um ano na cama, em 1951 (quando não havia quimioterapia), e o irmão da minha mãe morreu de leucemia. Todos na minha família tinham muito medo de médicos. Por tudo isso, a atitude da minha mãe foi oposta à do Olavo, que assumiu e enfrentou a doença e sobreviveu durante oito anos. Mas acho mesmo que minha mãe não teria temperamento nem força suficientes para enfrentar o drama dessa doença.

Assim, no fundo, acho que cada pessoa decide a forma como vai encarar o câncer, a morte e a própria vida. Depois de tudo que passei, só para dar um exemplo, depois da morte da minha mãe e da morte do Olavo, em outubro de 2000, fui seqüestrada e fiquei 12 dias em cativeiro. Fui seqüestrada com uma amiga, na porta da casa dela. Fomos colocadas juntas no porta-malas minúsculo de um carro, e eu comecei a chorar no momento em que o rapaz me apontou a arma e só parei quando fomos libertadas. De tão fragilizada que estava, por causa das minhas perdas, acabei chorando realmente de forma ininterrupta. Talvez tudo o que precisava mesmo era chorar. Eu não via saída para aquela situação e imaginava que meus filhos iam ficar órfãos. Mas, felizmente, tudo acabou bem. De certa forma, ficamos impotentes diante da doença e de uma situação dessas, em que nossas vidas estão nas mãos de criminosos. E, quando se tem câncer, a sua vida fica nas mãos dos médicos, do destino, de uma série de circunstâncias. Mas, como não somos criados para nos prepararmos para a morte, ficamos com nossos pensamentos mágicos infantilizados, achando que ela sempre está muito longe, mas nunca nas nossas mãos, para fazermos da vida que nos resta algo de muito bom.

Para quem acabou de saber que está com câncer, ou que recebeu a notícia de que alguém muito querido está com essa doença, digo que essa não é necessariamente uma sentença de morte. É claro que, muitas vezes, a situação é extremamente complicada e irreversível. Mas acho que, depois do baque, depois do primeiro choque com a notícia, para não sucumbirmos junto, se for necessário, nós precisamos procurar ajuda psicológica, sem hesitar, para vivermos da melhor maneira possível, de preferência ainda melhor do que antes da doença.

*"Por mais que o Olavo fosse tão forte e pragmático, por mais que ele tivesse estudado a própria doença e conversado abertamente com todos os médicos, por mais que soubesse que a sua situação era irreversível, ele tinha atitudes que demonstravam a sua esperança e a sua determinação de continuar a viver."*

*Maria Helena Osório Bueno*

Arquivo pessoal

*Alcides Morales Filho, Léo de Affonseca Neto e Guilherme Bezerra*

# *Léo de Affonseca, empresário*

*por Guilherme Bezerra, empresário e sócio no restaurante Joe e Leo's*

O Léo foi casado com a melhor amiga da minha primeira esposa. Independentemente de termos sido amigos na juventude, essa aproximação das mulheres nos tornou quase irmãos. Então, estivemos muito próximos e queríamos fazer algum projeto juntos.

Ele tinha uma casa em Nogueira; eu, uma casa em Itaipava. O meu grande sonho, depois que deixasse de trabalhar no mercado financeiro, no qual atuei durante 30 anos, e o sonho dele também, que foi diretor do grupo Peixoto de Castro, era montar um negócio e viver lá na serra, deixando o Rio de Janeiro.

Assim, abrimos na serra um pequeno restaurante, o Joe e Leo's Burguer. Demos esse nome porque Joe era o meu apelido na juventude e Leo porque era o nome do meu sócio e amigo. Até que surgiu uma oportunidade e também abrimos um Joe e Leo's no shopping São Conrado Fashion Mall. Para isso, passamos a ter mais um sócio, que é o meu sócio atual. E graças a Deus deu certo.

No meio daquele sucesso todo, um belo dia o Léo fez uma operação de pâncreas, de emergência. Ele não falou nada sobre essa operação. Depois disso, ele nunca mais engordou, parou de beber (ele gostava de tomar um uisquinho), passou a comer umas coisinhas mais leves, mas nunca comentou nada com ninguém. Isso foi em agosto de 1996.

Passado algum tempo, mais ou menos em março de 1997, ele ficou com muita febre, levaram-no para o hospital, fizeram uma punção e o internaram. Em abril, o tumor já invadira o fígado, o pulmão, tinha feito ainda mais estragos; então ele faleceu. Foi uma pena... A gente fica revoltado com essa doença. O Léo, tão talentoso, tão empreendedor, tão amigo, tão querido, foi embora com tantas coisas ainda por fazer. Ele trabalhava de forma minuciosa, corrigindo nossos erros de operação, aprimorando as nossas estatísticas, e tudo mais. Até hoje ele faz muita falta aqui no restaurante, em todos os sentidos. Essa doença não escolhe dia, pessoa nem hora. Ela aparece para todo mundo, a qualquer hora.

Mesmo sem o Léo me dizer nada, eu sempre soube que ele estava enfrentando alguma doença grave – nunca me enganei. Talvez por isso eu tenha sabido suportar um pouco mais essa perda de um amigo realmente tão querido. Mas profissionalmente é uma perda irrecuperável. Tenho casos de câncer na minha família. Minha mãe escondeu um câncer de mama de todos nós durante 10 anos. Quando percebemos a situação, ela já estava com muitas dores, realmente intensas, e fomos descobrir, pelo médico, que ela estava com metástase óssea. Assim mesmo, se tratando, minha mãe durou mais uns quatro, cinco anos.

Agora, minha irmã, com 62 anos de idade, fumante moderada, apareceu com um tumor no pulmão. Mas a doença aparentemente estacionou com o tratamento. Minha irmã está encarando a doença com muita determinação e entusiasmo. Ela tem mostrado uma força extraordinária para enfrentar o câncer, e isso tem colaborado para que tudo continue dando certo. É claro que a gente nunca sabe o que essa doença pode aprontar, mas minha irmã está tendo um comportamento exemplar. Não sei se eu saberia lidar com uma situação dessas com tanto otimismo e empenho.

Com as experiências da minha mãe, do Léo e da minha irmã, e por tudo o que acompanho, vejo que a Medicina tem evoluído cada vez mais no combate ao câncer. Alguns pacientes de um médico conhecido meu também são meus conhecidos. Acho que as pessoas estão encarando essa doença de outra forma. Tenho um amigo, companheiro de Jockey Club há muitos anos, que está com câncer e me encontra, junto com outros amigos, para dar gargalhadas, para levar a vida normalmente, sem preocupação ao falar sobre o tumor.

Acho mesmo que quanto mais as pessoas tiverem informações sobre o câncer, melhor será. Infelizmente, no Brasil, a maioria ainda não tem acesso a tudo o que existe de melhor em termos de Medicina e tecnologia. Não é todo mundo que pode tomar injeções caríssimas ou investir não sei quantos mil dólares num exame de Pet Scan. Até as pessoas que têm plano de saúde muitas vezes enfrentam dificuldades para fazer um tratamento básico de câncer.

Mas, de fato, acho que a informação é fundamental para quem quer se cuidar. Desde os quarenta e poucos anos eu trato a minha próstata, faço todos os exames, enfim, realmente me cuido. Entretanto, mesmo com todas as campanhas que existem, mesmo com todas as informações disponíveis, tenho amigos que, com 65 anos, nunca foram ao proctologista. E não adianta eu dizer que o cara precisa ir. Acho que nesse caso, por exemplo, o sujeito não vai ao médico por tabu, por receio, por desleixo.

Tenho um amigo que teve um pequeno AVC e que mesmo depois disso não vai ao médico, porque diz que quem procura acha. Acredito que quem procura pode achar, sim, claro. Mas quem não procura pode, na realidade, ser achado pela doença. Depois a casa cai e a pessoa não sabe por que caiu. É claro que essa é uma decisão de cada um. Se minha mãe tivesse procurado logo um médico quando sentiu o primeiro sintoma do câncer de mama, certamente hoje estaria conosco. Ela morreu aos 77 anos de idade, por receio de saber que poderia ter a doença, por medo de ter que enfrentar o drama do câncer, pelo pavor de ter que lidar com a perda de um seio, por causa de muitos fatores apavorantes. Ela não podia nem ouvir falar na palavra "câncer". Para minha mãe, ter que enfrentar, ter que se expor, ter que lutar com a doença seria algo impossível.

Na minha opinião, a cabeça da pessoa é essencial. Se a pessoa tem uma cabeça boa, acho que tem muito mais chances de superar um câncer. É claro que é mais fácil falar do que enfrentar. Para mim é fácil dizer um monte de coisas por nunca ter passado por um problema tão grave de saúde. Mas falo baseado na experiência de acompanhar as histórias dessas pessoas tão próximas. Só acho que ajuda muito falar sobre o assunto. Penso que quem fala sobre o câncer, quando está doente, encara o problema com mais força.

A partir dessas experiências, a cada dia vou vivendo e me preparando para situações difíceis que certamente virão, para perdas futuras, para dores inevitáveis. À medida que o tempo passa, as pessoas vão indo, vão indo, vão indo e nós temos que ser fortes mesmo. Às vezes parece impossível suportar determinadas perdas, mas no final acabamos superando e continuamos a viver. Acho que esse tipo de depoimento é muito importante, principalmente para nos mostrar o quanto somos pequenos diante de problemas ridículos. Às vezes muitas pessoas se exasperam porque não acham uma meia antes de sair de casa, ou porque perderam alguns reais na rua, ou porque derrubaram o leite na roupa, ou porque amanhã têm um compromisso justamente na hora do jogo do Flamengo... E essas mesmas pessoas, que se exasperavam por bobagens, passaram a viver a vida com uma plenitude imensa. É claro que em determinados momentos elas podem sentir muita tristeza, algumas podem entrar em depressão, sem dúvida, mas acho quase impossível que, lidando com uma doença tão séria, essas pessoas tenham uma vida dupla. Acho quase impossível que elas vivam aos prantos todos os dias, o tempo todo, pelo quarto, e na frente dos outros tenham um comportamento completamente diferente, otimista, passando muita força e muita garra de viver. Temos que nos espelhar nessas histórias, nessas pessoas, para ver que os nossos problemas geralmente não são problemas.

Arquivo pessoal

*Paulo Jerônimo de Souza*

# *Paulo Jerônimo de Souza,*
*jornalista*

Vou começar a minha história por onde lembro melhor. Sofri uma dor incessante que me atormentou durante um ano inteiro. Nesse período, procurei, aqui no Rio de Janeiro, quatro médicos, todos muito respeitados, e nenhum achou nada de errado. Um deles chegou a fazer uma retoscopia e nada encontrou de anormal: garantiu-me que meu intestino estava em bom estado. Outro achou que havia uma inflamação e me tratou com anti-inflamatórios, os quais só deram um resultado: uma forte alergia. Enfim, nenhum desses médicos conceituados foi capaz de fazer um diagnóstico correto sobre o que estava ocorrendo comigo.

Um dia, viajei para o interior de São Paulo. Fui e voltei dirigindo, ao longo de 700 quilômetros. Cheguei de volta ao Rio com uma dor ainda mais atroz e evacuei sangue. Resolvi então ligar para um primo, que é médico gastro e professor da Universidade Paulista, Dr. Thomaz Imperatriz Prícoli. Pelo telefone, expliquei os meus sintomas e ele me disse na hora:

– Pegue um avião agora, venha para cá imediatamente, porque o que você tem é muito sério.

Na época (1994), eu trabalhava no BNDES, mas estava de licença, e o Dr. Marcello Alencar, então candidato ao governo do Estado do Rio, me convidara para assumir a assessoria de imprensa da sua campanha. Eu aceitei e mergulhei de cabeça no trabalho. Campanha política, para quem não sabe, é uma pedreira – uma tarefa árdua que se estende por muitos meses. Não tem fim de semana nem feriado. A pessoa não consegue dormir mais que umas quatro horas por noite. Apesar disso, tirei um tempo para ir a São Paulo e fiz todos os exames que o meu primo pediu. Finalmente chegou o diagnóstico: eu tinha um tumor no intestino. E precisava operar imediatamente, pois tudo indicava que era maligno.

Logo que eu soube da doença e da necessidade da cirurgia, reagi dizendo que não poderia operar tão rápido assim porque tinha que voltar logo ao Rio por causa do meu compromisso com o Dr. Marcello. Marquei a cirurgia para a semana seguinte, e já no Rio comuniquei o fato à família. A cabeça a mil, eu me perguntava: "O que foi que eu fiz para ter câncer?", "Por que logo comigo?" – enfim, essas indagações que nos ocorrem quando recebemos uma notícia como essa. A gente começa a entrar numa depressão terrível. Em meio à angústia e aos padecimentos, fiz um retrospecto de minha vida, um balanço geral. Instruí a família sobre providências práticas, tomei decisões prosaicas, comecei a avaliar o legado que deixaria – e me preparei para o pior.

Enquanto eu pensava nessas coisas, minha mulher, que também trabalhava no BNDES, tornava-se ainda mais fundamental para mim. Grande companheira, tirou licença e me deu todo o apoio do mundo, porque eu baqueei. Sim, eu realmente baqueei. Arrasado, comuniquei ao Dr. Marcello o que estava acontecendo, e ele me disse: "Não pense em nada agora, vá cuidar da sua saúde. Quando se recuperar, você volta." E eu pensava: "Não vou voltar nunca mais, é claro."

Fui a São Paulo e me operei com o Dr. Pereira Lima. É importante abrir um parêntese e contar o seguinte episódio: na conversa inicial com o cirurgião, ele me falou da necessidade da colocação de uma bolsa – a tal da colostomia – durante um período. Eu fechei questão: "Recuso-me a colocar essa bolsa." A alternativa: duas lavagens por dia, purgante diariamente, nada de refeição sólida e adiamento da cirurgia por dois dias. Orgulhoso e altivo como só eu mesmo, com o amor-próprio exacerbado, que é uma de minhas particularidades, sujeitei-me a tudo isso, mas não coloquei a bolsa. Vi depois vários médicos cumprimentarem o Dr. Pereira Lima pelo êxito de ter conseguido evitar a colostomia numa cirurgia de tumor no cólon.

A operação foi horrível. Tiveram que tirar quase meio metro de intestino, porque, na realidade, estava com vários tumores. Havia um muito grande, do tamanho de uma laranja, e diversos pequenos. A dor que enfrentei no pós-operatório foi um martírio, pois, depois da cirurgia, tive um problema sério. Ainda sob anestesia, a uretra foi perfurada por uma sonda. Quando a retiraram, o sangue coagulou no local e eu não conseguia eliminar a urina. Como não conseguiam introduzir uma nova sonda, os médicos entraram em desespero, e eu urrava de dor.

Nossa Senhora, não dá para descrever o calvário que sofri. A dor era tanta, tão insuportável, que, desesperado, cheguei a pedir ao meu filho para ir pegar a minha arma em casa. Eu queria me matar.

Mas felizmente ele não pegou arma nenhuma – arrependo-me muito de ter pedido uma coisa dessas a ele –, e os médicos, finalmente, conseguiram resolver o problema sem que eu tivesse que voltar à sala de cirurgia. Entretanto, passar por aquilo foi um suplício. Também sofri demais porque sou alérgico a analgésico. O único que posso tomar é o Tylenol. Fora isso, tenho que ir direto para a morfina. Mas, numa operação como a minha, a morfina paralisa o intestino. Depois, quando o intestino voltou a funcionar, quase morri de dor. Enfim, foi um sofrimento pavoroso.

Mas o pior foi quando, depois da cirurgia, recebi o diagnóstico que tanto temia. Os tumores eram mesmo malignos. Meu primo me indicou um especialista, o Dr. Carlos Augusto Andrade, de uma clínica de oncologia em Copacabana, um cara muito tranqüilo, que me passou muita segurança.

Já no Rio, quando fui à clínica para fazer a quimioterapia, foi um choque. Não agüentei, fui embora dizendo para mim mesmo que não poderia passar por aquilo, que não conseguiria ficar ali ao lado de tanta gente em estado terminal. Em 1994, o ambiente de uma clínica de quimioterapia era terrível. Mas minha mulher me convenceu a voltar. O Dr. Carlos Augusto também me ligou, insistindo para que eu não desistisse. Felizmente voltei e passei um ano fazendo quimioterapia. Cheguei a fazer amigos na clínica, mas resolvi parar de me envolver com as pessoas porque, ao longo do tratamento, obviamente ficava sabendo que um ou outro paciente – com quem eu conversara na sala de espera – havia morrido, e essas notícias me arrasavam.

Na quimioterapia, convivi com gente que se desesperava, gente que chorava o tempo todo, gente que se revoltava – era realmente um quadro impressionante, que me angustiava muito. Para amenizar, decidi fazer a químio sempre às sextas-feiras, no fim da tarde, porque assim eu saía de lá e ia direto para casa, já me preparando para o final de semana. De fato, eu saía de lá aniquilado. Além de depressão, a químio, naquela época, provocava enjôos e mal-estar.

Um mês depois, quando soube que eu estava me recuperando, a equipe do Dr. Marcello me convidou para voltar a trabalhar na campanha eleitoral. Eu disse que não estava em condições físicas para reassumir aquele trabalho, mas insistiram: "Precisamos da sua experiência." E isso foi fundamental para a minha recuperação. O Dr. Marcello me explicou que contava comigo para administrar a assessoria da campanha, que estava enfrentando uma série de problemas. Então voltei; passei a trabalhar normalmente, e às sextas-feiras saía mais cedo para a quimioterapia.

Em pouco tempo eu já estava completamente envolvido com todo aquele clima frenético de campanha, fazendo textos, rebatendo críticas, coordenando as ações, preparando uma agenda pró-ativa, pensando em cada passo. Quando me chamou de volta, o Dr. Marcello tinha começado a cair nas pesquisas e o Garotinho estava em ascensão.

Desse modo, toda manhã, bem cedo, às 6h30, eu ia para a casa do Dr. Marcello, para a reunião diária de planejamento do dia de campanha. E me lembro de que, em determinado momento, recomendei a ele que esquecesse as orientações que estava recebendo dos marqueteiros e que assumisse a sua própria campanha, ele mesmo, como sempre tinha feito em toda a sua carreira, sem ler textos prontos, dando o próprio recado com o calor e a veracidade do improviso. Isso marcou uma virada no tom da campanha. E então estancamos a queda nas pesquisas, ganhamos o primeiro turno e as eleições de 1994. Depois disso, o Dr. Marcello, como governador eleito, me convidou para continuar trabalhando com ele no Palácio Guanabara, à frente da Secretaria de Comunicação.

Ficar mobilizado naquela tarefa foi essencial para a minha superação. Nas próprias sessões de quimioterapia, que duravam mais ou menos uma hora, passei a ficar concentrado no trabalho, pensando muito e trabalhando mentalmente durante as aplicações. Quando à noite eu tinha uma idéia, levantava da cama para anotá-la. Ou seja, além dos médicos, das enfermeiras e do afeto da família, o trabalho foi realmente fundamental para a minha recuperação.

Depois que me recuperei, fiz colonoscopia anualmente, durante cinco anos, além de exames de sangue periódicos. Já clinicamente curado, passei a fazer o mesmo exame a cada três anos. Curioso e absurdo é que nunca nenhum médico tinha me pedido uma colonoscopia, que é um exame tão essencial. Devido à falha de diagnóstico daqueles quatro médicos, passei um ano inteiro sem saber o que realmente tinha. Foi alarmante. Vejam o tempo que eu fiquei com o tumor crescendo dentro de mim, o risco que eu corri. Os médicos do Rio não conseguiram descobrir nada em um ano; o Dr. Thomaz matou a charada na hora, e pelo telefone. Mas tive muita sorte, afinal consegui vencer o câncer.

Depois de passar por uma experiência dessas, você muda muito os seus conceitos, seus pontos de vista e seu modo de vida. Hoje, com 68 anos, pratico esporte e me exercito todos os dias, levo uma vida saudável, mas sem radicalismos, que ninguém é de ferro. Evidentemente que de vez em quando eu como uma lingüicinha... De todo modo, a cicatriz na barriga está aqui para me lembrar do que tive.

E a realidade é que nós precisamos encarar essa doença. Temos a tendência de nos entregar, mas é preciso lutar. Saí da quimioterapia diabético, de tanto tomar cortisona. Atualmente, tenho que controlar o diabetes – mais um exemplo da violência que é a quimioterapia.

Mas, apesar de todo esse quadro, de todo o sofrimento, de toda a dor, de toda a angústia que eu passei, é reconfortante a constatação de que, felizmente, também tive excelentes médicos por perto. Não posso deixar de mencionar a cadeia de solidariedade que envolve as vítimas do câncer. Amigos que não via há mais de 30 anos apareceram para manifestar seu apoio e trazer sua solidariedade. E percebi que, de fato, além de um tratamento médico humano e competente, o papel da família e dos amigos é decisivo para a sobrevivência de uma pessoa que enfrenta esse mal terrível.

Por fim, uma observação alentadora: a Medicina evoluiu muitíssimo nestes últimos anos. Uma cirurgia como a minha é feita agora de uma maneira bem menos dolorosa e com muito mais qualidade. Há pouco tempo visitei a clínica de oncologia na qual me tratei: o salão de quimioterapia está muito mais amplo, com nova iluminação e novas poltronas; e são muito mais modernas as técnicas para injetar os medicamentos. Tem muito pouco a ver com a época em que estive lá. Felizmente uma cirurgia de câncer é hoje muito menos penosa e tem um índice de sucesso bem superior. Por isso, a vitória que conquistei na batalha contra a doença, uma gloriosa vitória da vida, muitos outros pacientes agora poderão também conquistar com muito menos sofrimento e sem os verdadeiros suplícios que tive de enfrentar.

Arquivo pessoal

*Patrizia Costanzo e Gaetano Costanzo*

## Gaetano Costanzo, *empresário*

*por sua filha* Patrizia Costanzo

Um dia, em um exame de próstata de rotina, disseram ao meu pai que ele tinha uma hipertrofia normal da idade. Na época, ele estava com 61 anos. Um ano depois, quando voltou para fazer outro exame, foi diagnosticado que na realidade ele estava com um câncer de próstata. Esse câncer teria sido operável, e ele provavelmente estaria vivo hoje, se tivesse sido diagnosticado corretamente um ano antes. Na realidade, aquela hipertrofia era um tumor maligno. Mas o médico não pediu nenhuma biópsia, não pediu nada. E o tumor evoluiu. Quando foi detectado, já havia se alastrado, não estava restrito à próstata. A única opção era fazer radioterapia e hormonioterapia. Porém, depois da próstata, o câncer avançou para a bexiga, depois para a coluna vertebral e para o pulmão, quase concomitantemente.

O detalhe é que o diagnóstico errado da doença do meu pai foi feito na Itália. O segundo exame, desta vez correto, um ano depois, foi realizado no Brasil. Logo depois da cirurgia da bexiga, os médicos me avisaram que o câncer já se alastrara em linfomas e que em breve apareceria também em outros lugares. De fato, isso aconteceu, e o câncer foi para a coluna vertebral.

Ele teve três vértebras afetadas e, por isso, o médico disse que teria que operar imediatamente senão ficaria paralítico. Se as vértebras cedessem enquanto ele caminhava, estrangulariam a medula, e o meu pai não andaria mais.

Apavorado com tudo isso, ele foi para a Alemanha, indicada pelo médico como o melhor lugar, para colocar umas vértebras de titânio. Essa ida para a Alemanha, para mim, além de antecipar o fim do meu pai, tornou esse fim muito mais sofrido. Obviamente, na época, todos pensávamos que seria a melhor solução, afinal ele já havia sido operado da bexiga e tinha ficado bem depois da cirurgia. A operação na Alemanha foi desastrosa. Geralmente a maioria das pessoas acha que o Brasil ainda está atrasado em relação à tecnologia e à Medicina, e, assim, aquelas que têm condições costumam se tratar no exterior. Veja o que aconteceu. Meu pai fez um pré-operatório na Alemanha e nesse exame foi detectado que já existiam pontos de câncer no pulmão.

Aqui no Brasil, depois disso, me explicaram que meu pai não deveria nunca ter operado a coluna tendo pontos de câncer no pulmão, porque, como o câncer já estava disseminado, o que ele precisava com urgência era de quimioterapia.

Mesmo assim, ele foi submetido pelos médicos na Alemanha à cirurgia da coluna. Eles não avisaram nem à família nem ao paciente que ele estava com câncer no pulmão. A operação foi muito longa, teve que ser feita em dois tempos. Quando já estava no quarto do hospital, achando que a operação tinha acabado, avisaram que três dias depois ele teria que voltar para continuar a cirurgia. Meu pai, quem o conheceu sabe, sempre foi uma pessoa superpositiva, mas, com tudo isso, entrou num processo de depressão muito grande.

A segunda operação foi feita lá mesmo, e até hoje tenho pesadelos ao me lembrar dos seus gritos, quando o pegaram para virá-lo de lado. Ele era pesado e os enfermeiros o trataram de uma maneira absurdamente bruta, grosseira, displicente. Ele sempre foi muito resistente à dor, mas aquela deve ter sido realmente insuportável.

Para você ter uma idéia, ele passou 20 dias no CTI, e eu tenho a impressão de que ficou em coma induzido, porque, quando chegamos ao Brasil, os médicos daqui ficaram impressionados. Meu pai estava com sete costelas quebradas. Os alemães quebraram sete costelas dele naquela virada brutal, e a dor que aquilo provocava foi, de fato, absurda. Por isso tiveram que induzir o coma, na Alemanha, até que essas costelas se solidificassem, para evitar uma depressão respiratória.

Ele foi operado em fevereiro de 2000 e faleceu em novembro do mesmo ano. E depois dessa cirurgia não se levantou mais. Ou melhor, na realidade ele se levantou sim. Meu pai queria passar o seu aniversário de 70 anos na Itália, no dia 15 de setembro, e ele tinha uma garra incrível, uma força de vontade fora do comum. Então fez cinco ou seis transfusões de sangue, foi para a Itália com o seu médico (não aquele que o havia levado para a Alemanha), convidou todos os velhos amigos de lá e fez uma bonita festa num hotel. Depois da festa, ele subiu para o quarto e já estava mal. Teve que fazer mais transfusões de sangue, voltou para o Brasil uns cinco dias depois e faleceu em novembro. Mas conseguiu fazer o que mais queria: comemorar seu aniversário de 70 anos perto de pessoas de que ele gostava muito.

Eu também fui para lá, junto com minha filha, meu sobrinho e um irmão, que na época tinha 10 anos. O detalhe é que a indicação para aquela cirurgia na Alemanha foi feita por um médico brasileiro que se dizia amigo e freqüentava nossa casa. Adoraria dizer o nome dele, mas não posso, porque teria que passar por um dolorido processo para obter provas e tudo mais. Mas o fato é que ele colocou os interesses financeiros acima do interesse pela vida do meu pai. Ele queria muito escrever um livro em parceria com o médico da Alemanha, e foi para lá conosco, com tudo pago por nós, na condição de amigo e intérprete, porque ele falava alemão, enquanto nós (eu e minha tia que mora na Itália) não dizíamos uma só palavra nesse idioma. Como é que esse cara, que viajou conosco, que acompanhava tão de perto o meu pai, não nos avisou de que já havia pontos de tumor no pulmão? Por que ele nos recomendou a operação?

Lá na Alemanha, olhando para mim, ele disse que só viu esses pontos quando já estava na sala de cirurgia. No entanto, quando voltei ao Brasil, pedi a uma pessoa que traduzisse todos os exames que o meu pai fez na Alemanha. E, dentre os exames pré-operatórios, o laudo de um raio-X já dizia que havia pontos de metástase no pulmão. Então eles deveriam ter informado a todos nós que já havia aquela metástase e não deveriam ter operado o meu pai. Dessa forma, nós teríamos voltado ao Brasil, sem ter que passar pela cirurgia. Mas a questão é que eles foram adiante com sua experiência do titânio. Afinal, o que o médico brasileiro mais queria era agradar ao alemão, para depois fazer um livro em co-autoria com ele. Como esse médico era bem respeitado e conhecido, o livro teria, assim, repercussão mundial.

E esse mesmo médico brasileiro ainda teve coragem de entrar na justiça contra nós para receber os honorários pela viagem, apesar de ter recebido passagens, aluguel de carro, estadia, enfim, todas as despesas pagas. E, enquanto o meu pai estava no CTI, esse sujeito mandou a mulher dele vir do Brasil, pegou o carro que alugamos para ele e foi com ela passar o seu aniversário em Paris.

Quando ele entrou com o processo contra nós, pedi ao meu advogado para dizer ao juiz que eu depositaria 10 vezes o valor que aquele sujeito estava cobrando, para qualquer instituição que fosse determinada, mas que não era justo ele ainda se achar no direito de nos cobrar por isso. E, depois que o meu pai faleceu, ele acabou desistindo da ação, porque viu que ia perder, pois sabia que estava errado.

Graças a Deus eu nunca mais cruzei com esse homem na minha vida. Eu sei que é pecado desejar mal aos outros. Assim, dessa forma, prefiro realmente não encontrá-lo nunca mais. Porque foi esse homem que provocou tanto sofrimento no último ano de vida do meu pai.

Até então, apesar de tudo, meu pai estava resistindo à doença, trabalhando, enfrentando o câncer de pé, com qualidade de vida. Depois daquela cirurgia fatídica, ele entrou, de fato, numa enorme depressão e não saiu mais dessa. Ficou extremamente abatido, num estado lastimável, muito triste, de causar indignação na gente. Meu pai ficou absolutamente irreconhecível. Ele ficou muito fraco depois dessa operação e, quando chegou ao Brasil, ainda teve de esperar um mês para fazer quimioterapia. Quando foi operado, ele estava forte, se sentindo muito bem, em condições de fazer logo a químio. Depois da cirurgia, precisou esperar esse tempo todo para fazer as aplicações. E o tempo, para quem tem câncer, é a coisa mais preciosa do mundo.

Sabe, uma das coisas que mais me chocaram nessa história foi a dificuldade que tive em encontrar um médico aqui no Brasil que me dissesse, com todas as letras, que ele não deveria ser operado na Alemanha, quando foi constatado o câncer no pulmão. Eles deveriam ter recomendado que ele voltasse o mais rápido possível para fazer quimioterapia. Porque os médicos sabiam que estariam falando contra um colega. No final, consegui essa declaração de um deles, e um dos bons, mas só de boca, e só para mim, por escrito nem pensar. De toda essa experiência fica a questão de que temos sempre que ouvir opiniões de diferentes médicos. Hoje, se um médico me dissesse que alguém próximo está com uma hipertrofia normal na próstata, eu reagiria assim: “Ah, é normal? Tudo bem, mas vamos fazer uma biópsia, por via das dúvidas.” Não foi feita biópsia nenhuma. Ele disse que era normal e ficou tudo por isso mesmo. Não custa nada fazer uma biópsia. Se der normal mesmo, ótimo, comemoramos, felizes da vida. Caso contrário, temos a oportunidade de nos tratar, enquanto há tempo. Existem vários casos de câncer de próstata operados logo no início e extirpados totalmente. O do meu pai poderia ter sido um deles.

*"O tempo, para quem tem câncer, é a coisa mais preciosa do mundo."*

*Patrizia Costanzo*

Arquivo pessoal

Arquivo pessoal

*Marcos Margulies e Sérgio Margulies (foto menor)*

# *Marcos Margulies*, *historiador*

*por seu filho* *Sérgio Margulies*, *rabino*

Meu pai, Marcos Margulies, faleceu de câncer no aparelho gastrointestinal. Ele morreu jovem, com 58 anos. Era jornalista, cineasta e historiador, tinha uma vida pela frente. Quando eu soube da doença, estava viajando, num programa de intercâmbio, em Israel, estudando para me tornar rabino. Na época, no início da década de 1980, eu tinha 20 anos. Soube por carta, porque não tínhamos a tecnologia que temos hoje. Na realidade, ele próprio não me contou, com medo de estragar o meu intercâmbio, que tinha sido muito almejado. Então, fiquei sabendo por pessoas da família.

Em dado momento, ficamos nos perguntando qual seria o estágio do câncer. Logo ficamos sabendo que o tumor havia avançado de forma galopante, e acabei voltando de Israel para ficar perto do meu pai até ele falecer. E perder o meu pai foi um baque, um choque horrível. O que mais me chocou foi constatar tão de perto a perda da funcionalidade da pessoa. É o que eu acho: o câncer corrói a dignidade das pessoas. Essa doença vai realmente corroendo, sugando, minando todo mundo. Existe uma grande diferença entre a doença que é eminentemente curável e aquela que muitas vezes conduz a uma situação de perda. Ficar sem ele foi realmente muito ruim.

Ele nasceu na Polônia, em Lodz, e esteve, na Segunda Guerra Mundial, enclausurado pelos nazistas, junto com vários outros judeus, no gueto dessa cidade. E foi a juventude do meu pai que permitiu que ele superasse as incontáveis adversidades desse gueto. Depois, foi enviado para um campo de concentração, que não era um campo de extermínio, mas um campo de trabalho. No campo de extermínio, os prisioneiros eram conduzidos imediatamente à morte. Por sua vez, no campo de trabalho, muitas pessoas morriam por maus-tratos, por doenças, pelas condições altamente precárias do local, mas podiam ser úteis de alguma forma e sobreviver por causa do trabalho. Meu pai tinha conhecimentos de carpintaria e trabalhou com isso no local.

Assim, ele acabou se salvando, sobreviveu à guerra e, quando foi libertado, passou a comer vorazmente. Meu pai tinha passado anos e anos sem comer, só comendo casca de batata, ou coisas do tipo. Então, estava faminto, com muita vontade de se alimentar. Segundo ele, essa alimentação excessiva e desordenada, mais tarde, provocou um problema intestinal e foi preciso operar. Parece que esse problema se deveu ao longo período em que ficou sem se alimentar, no gueto, e também porque o seu estômago, que tinha praticamente se desacostumado a receber alimentos, na época da guerra, acostumado a um quase nada, passou de repente a comer muito, passou do nada para mais do que tudo, isso certamente causou essa complicação.

Possivelmente, a operação a que ele foi submetido, ou aquela situação que provocou a cirurgia, enfraqueceu todo o aparelho gástrico na sua capacidade defensiva e imunológica e tornou-o mais suscetível ao tumor.

Meu pai era muito intelectualizado, gostava muito de estudar. Quando teve câncer, buscou entender ao máximo a doença, lendo livros, inteirando-se de toda forma. Isso nos dava um certo alento na busca de perspectivas. O apoio e o conforto de amigos e familiares foram muito importantes na evolução do tratamento.

O que passou pela minha cabeça quando tive a notícia do câncer do meu pai e o que passa na minha cabeça hoje? Na época e até hoje não me preocupei em achar culpados, nem entre os médicos nem entre outras pessoas. Se fosse culpar alguém, ou alguma situação, pelo câncer do meu pai, eu culparia a guerra. Ele também dizia que, quando estava preso, durante a guerra, precisava comer rapidamente as cascas de batata quente às quais tinha acesso, sem poder mastigar direito, num frio muito grande, para não correr o risco de ser flagrado pelos nazistas.Quando você come muito rápido, sem mastigar, está cometendo uma violência enorme contra o seu próprio corpo. Acho que o corpo dele cobrou o preço.

Na evolução do câncer, muitas vezes chega um momento em que a morte pode ser até mesmo um alívio, principalmente quando a degradação do corpo é muito violenta, quando a pessoa já não tem perspectivas, quando você está tomando medicamentos fortíssimos, como foi o caso do meu pai.

O que mais costumo fazer é manter viva a memória do meu pai dentro de mim. Uso essa memória como uma força para seguir em frente, como uma fonte de inspiração, para persistir nas coisas em que acredito.

Também tenho formação em Psicologia. E acho, sinceramente, que a elaboração da perda, por instrumentos analíticos e terapêuticos, foi muito importante para mim. Outro grande desafio é tirar da perda algum significado positivo, para que essa perda passe mensagens boas para várias pessoas. O que nós perdemos não tem volta, claro, mas podemos tirar ensinamentos preciosos dessa falta.

Passados muitos anos, a minha concepção dessa perda mudou, obviamente. Mas muitas coisas permanecem, como é o caso dessa minha vontade de perpetuar a memória do meu pai, de uma forma cada vez mais cristalina, mais saudável, mais estruturada mental e emocionalmente, apesar da tristeza evidente de não tê-lo mais comigo.

Além disso, tenho a preocupação de passar para as minhas duas filhas quem era o avô que elas não conheceram, o que ele pensava, como era a sua visão de mundo, o que foi mais importante na sua história, os seus valores, tudo o que me faz lembrar dele.

Do ponto de vista profissional, como rabino, o meu exercício rabínico traz o meu judaísmo, mas o meu judaísmo poderia existir sem o meu exercício rabínico. Então, esse meu judaísmo vem de grande parte da herança que eu recebi do meu pai, que sempre cultivou muito a cultura judaica. E, à medida que olho para trás e revejo a história dele, fico muito feliz quando constato que tudo o que realizo, de certa forma, vem dos ensinamentos que meu pai me passou por meio das palavras e dos seus exemplos.

Como rabino, eu acompanho doentes, inclusive pacientes terminais. Também por conta desse ofício, no início da minha trajetória, fiz estágios, trabalhando em hospitais nos Estados Unidos. E vejo cada vez mais a importância que o conforto tem para as pessoas. É claro que todo mundo deve ter acesso e buscar o máximo de tecnologia para se tratar, todos devem procurar por bons médicos para se cuidar, mas acredito realmente que as pessoas precisam ser ouvidas, necessitam mesmo de apoio, mais do que nunca, numa hora dessas.

Digo às pessoas que não escondam a sua doença de ninguém. Acho que não devem ter vergonha de estar doentes nem se isolar. Porque eu também acho que o isolamento causa outras doenças. E para os familiares e amigos digo que não tratem os doentes com pena, mas com carinho, afeto, ternura, conforto, apoio, motivação, amor e compaixão.

Muitas vezes perdemos um tempo precioso na nossa vida com sentimentos de piedade ou aborrecimentos sem sentido. Um prato quebrou em casa e você se irrita muito por isso, até briga com alguém, e a briga ganha uma proporção enorme. Esse tempo não volta. O que você está fazendo com o seu tempo? Como você está convivendo com as pessoas? O que pode mudar para melhorar essa convivência?

Também não devemos ficar obsessivos em busca de caminhos para não desperdiçar o tempo. Não devemos ficar o tempo todo só pensando em como não desperdiçar os nossos dias, as nossas horas, os nossos momentos. Afinal, no fundo, isso também seria um desperdício.

Sempre penso que a minha vida não é só minha. A minha vida é da minha família, das pessoas com quem eu convivo, da sociedade em geral. Assim, lembro sempre que estamos de passagem por esse mundo, e ressalto a importância de deixarmos uma marca nessa nossa passagem, e não só querer receber, só querer viver para nós mesmos. É claro que temos o direito às nossas satisfações pessoais, mas também devemos nos preocupar com os outros, melhorando a cada dia o nosso modo de enfrentar os pequenos e os grandes problemas.

O fato é que, quando temos um problema e nos desesperamos, ele toma conta de nós. Outra possibilidade é tomarmos conta do problema. Entretanto, tomar conta do problema não significa sempre solucioná-lo, mas saber lidar com ele, saber reagir diante dele, transformá-lo. Nem sempre há como resolvê-lo. No caso de um câncer, por exemplo, nem sempre a pessoa vai conseguir se salvar, ou salvar alguém, mas é possível extrair coisas boas de experiências muito ruins. Então, ainda mais importante do que saber por que você está enfrentando um câncer, de uma forma ou de outra, é saber como você vai enfrentar esse problema, acima de tudo sem raiva, sem rancores, sem culpas.

*"O que mais costumo fazer é manter viva a memória do meu pai dentro de mim. Uso essa memória como uma força para seguir em frente, como uma fonte de inspiração, para persistir nas coisas em que eu acredito."*

*Sérgio Margulies*

Marcos Issa / Agência O Globo

*Cardeal Dom Paulo Evaristo Arns*

## *Cardeal Dom Paulo Evaristo Arns,*

*arcebispo emérito de São Paulo*

Meu amigo, descrever a história do câncer que eu tive é sempre um momento doloroso, porque acabo revivendo as dores e os tormentos que vivi na época, quando realmente não estava preparado para isso. Na realidade, acho que ninguém está preparado para lidar com uma situação dessas.

Já tive alta, mas ainda faço acompanhamento com um dos maiores oftalmologistas do Brasil. Na época, ele estava me examinando e não conseguia descobrir o que é que tanto me incomodava no olho esquerdo. Então, um dia, ele chamou um especialista em câncer que também é oftalmologista. E esse médico sugeriu que eu fizesse outro exame. Foi quando recebi o diagnóstico de que estava realmente com um tumor no olho.

No dia em que fui receber a notícia do diagnóstico havia três especialistas em câncer para conversar comigo. Assim, eu já percebi que a coisa era ruim. Foi quando um deles me disse que eu tinha mesmo câncer no olho esquerdo e que esse câncer poderia se propagar para o olho direito.

No dia seguinte, comecei o meu tratamento no Hospital Sírio-Libanês. Entrei lá numa espécie de forno, onde fiz aplicações de radioterapia. Mas o fato é que, 10 dias e 21 aplicações depois, soube que ainda não estava curado.

Assim, fiz cinco aplicações de quimioterapia. Dizem que a quimioterapia tem ingredientes muito violentos para o nosso organismo, mas eu aceitei de boa vontade, porque não queria deixar de enxergar. Já estava contando com a ajuda de um assistente para rezar as minhas missas. Eu não queria ficar cego, de jeito nenhum.

Entretanto, mesmo depois da quimioterapia, não obtive um resultado positivo no tratamento. Aí eu voltei ao oftalmologista que me atendia e ele me disse que conhecia um médico brasileiro que havia voltado dos Estados Unidos e que tratara de mais de 2.500 pacientes com câncer no olho e havia curado com cirurgia todos esses pacientes, sem nenhum acidente, sem nenhum incidente. Esse médico poderia me operar. Ele me disse que tinha acabado de montar o aparelho para proceder a esse tipo de operação, em São Paulo, e que só estava esperando a primeira pessoa que aceitasse fazer a cirurgia. Eu fui lá, com a licença do meu oftalmologista, e, depois de três horas, saí de lá sem óculos e vendo todas as coisas, nitidamente, em todas as partes. E eu já estava há quatro meses sem conseguir ler um jornal, sem praticamente enxergar mais nada, e do olho esquerdo o tumor já tinha passado para o direito. Eu só via fantasmas ambulantes, não conseguia ver cores, nem formas definidas, nem o rosto das pessoas. E saí da operação vendo tudo.

Quando terminou a operação, o médico me perguntou:

– O que é que você está vendo?

E eu respondi:

– Estou vendo a sua gravata com todos os detalhes; deve ser francesa ou americana.

Ele me disse que era americana, mas me perguntou se o que eu estava vendo eu já via antes da operação. Eu disse a ele que não, que antes não estava vendo nada. Assim, esse médico me pôs aquelas letras em formato grande, médio, pequeno e mínimo, e eu li as letras no tamanho mínimo. Então, o médico me disse:

– O senhor está enxergando melhor que eu.

Prefiro não dizer publicamente, aqui neste depoimento, o nome dos meus médicos, mas digo pessoalmente para quem me procurar aqui em São Paulo, para quem quiser saber. O mais importante é as pessoas saberem que esses médicos existem e que é possível se curar de um câncer no olho.

De tudo isso, posso dizer algumas coisas sobre os meus sentimentos. Na época em que estava enfrentando esse câncer, eu fiquei sumamente impressionado, muito triste e muito abalado com o fato de não poder mais celebrar missas, nem poder mais ordenar os padres, nem mais conferir a crisma. Fiquei muito abalado com tudo isso. Mas aprendi uma coisa: São Francisco disse que a gente não sabe meditar o Pai-Nosso. Quando estava doente, eu começava a rezar o Pai-Nosso às cinco e meia da manhã. Fazia o sinal-da-cruz e começava a rezar: "Pai Nosso que estais no céu, santificado seja o Vosso nome." E eu pensava em cada frase, em cada palavra, em cada imagem da oração. E nunca tinha pensado no Pai-Nosso daquela forma, com tanta intensidade. O que foi mais impressionante para mim é que eu já era padre há 55 anos. Eu já rezava o Pai-Nosso todos os dias, ao longo de todos aqueles anos. Mas foi só depois do câncer, só depois da cegueira que eu realmente aprendi a rezar o Pai-Nosso com tanta entrega, com uma força tão impressionante, e a compreender São Francisco de Assis de forma tão plena. E hoje em dia eu continuo rezando o Pai-Nosso assim, com essa intensidade, umas 30 ou 50 vezes por dia.

Vou dizer uma coisa: a experiência do câncer me aproximou ainda mais de Deus. Depois do câncer eu percebi que não rezava mais sozinho o Pai-Nosso

– Cristo rezava comigo, e, quando Ele reza com a gente, o céu e a terra se unem. Estou com 84 anos atualmente e já tive muitas alegrias na vida. Uma das minhas grandes alegrias foi superar esse câncer e me sentir ainda mais preparado, de todas as formas, para dar apoio às pessoas que precisam.

Depois da doença, eu me tornei mais otimista, sobretudo em relação à Medicina, que está fazendo progressos enormes. É fundamental que as pessoas façam todos os exames preventivos disponíveis e tenham acesso a eles. Apresentando ou não sintomas, precisamos nos cuidar, nos prevenir. No meu caso, o olho começou a doer e me incomodava muito; eu fui enxergando cada vez menos. Mas, às vezes, o sintoma de um câncer não aparece, não dá um sinal. Por isso, temos que nos cuidar de toda forma possível.

E sabe de uma coisa? Eu contei do meu tumor para todo mundo, não escondi nada de ninguém, contei até para o Papa João Paulo II. Eu era muito amigo do João Paulo II. E então, uma vez, quando nos encontramos, ele me disse, em alemão:

– Deus não me deu o dom de fazer milagres, para eu curar o senhor. Se eu fosse santo, eu faria esse milagre. De fato, Deus não me deu o dom de fazer milagres, mas me deu o de rezar para que o senhor encontre aqui na Terra um bom substituto.

Assim, eu respondi a ele:

– Eu só peço a sua oração.

E ele retrucou:

– O senhor terá a minha oração todos os dias.

Quando estava doente e depois, pensei o tempo todo que a oração do João Paulo II pode ter me levado a procurar pelos médicos certos, no momento certo. Nunca imaginei que o câncer pudesse aprofundar a minha fé, e foi isso exatamente o que aconteceu. Essa doença fez com que eu dissesse a Deus, nas minhas orações, que cada órgão humano é um presente sem igual.

Acho que foi depois do câncer que realmente passei a enxergar a beleza das coisas, das pessoas, e não simplesmente a sombra da realidade

Arquivo pessoal

*Vivian Oswald Paes Leme*

# 2. *Como diagnosticar precocemente o câncer*

*com a participação da jornalista Vivian Oswald Paes Leme*

# *A maior experiência mundial no diagnóstico precoce do câncer: a japonesa*

---

*baseado nas entrevistas com*
*Dr. Hironobu Ochi e Dr. Seiei Yasuda*

# *Protocolo japonês indicado*

## *exames anuais*

- PET-CT (Pet Scan e tomografia computadorizada do corpo inteiro)
- Endoscopia e colonoscopia ou cápsula endoscópica
- Mamografia e ultra-sonografia da mama (a partir de 35 anos)
- Ultra-sonografia total do abdômen e tireóide
- Ressonância magnética do cérebro, da próstata e total do abdômen
- Papanicolau
- Marcadores tumorais: CAE, CA19-9, C11, PSA (homem), CA125 (mulher)
- Exame de dermatoscopia com mapeamento fotográfico das pintas

Baseado nos protocolos de *screening* do NCC (Centro Nacional do Câncer do Japão) e das clínicas particulares Yotsuya e Himedic, do Japão.

**Protocolos de exames e diagnósticos de três centros médicos japoneses**

| | Yotsuya | Himedic | NCC |
|---|---|---|---|
| Órgão | Testes indicados além do PET-CT | Testes indicados além do PET-CT | Testes indicados além do PET-CT |
| Pulmão | ——— | ——— | ——— |
| Estômago | Endoscopia | Endoscopia, ressonância magnética e contraste por bário | Endoscopia ou contraste por bário |
| Mama | Mamografia | Mamografia e ultra-sonografia | Mamografia e ultra-sonografia |
| Cólon e reto | Colonoscopia | Colonoscopia, contraste, por bário e raio-X | Colonoscopia |
| Próstata | PSA | MRI (imagem por ressonância magnética) | PSA |
| Esôfago | Endoscopia | Endoscopia, contraste por bário e raio-X | Endoscopia ou contraste por bário |
| Fígado | ——— | Tomografia computadorizada e ultra-sonografia | Ultra-sonografia |
| Pâncreas | ——— | ——— | Ultra-sonografia |
| Útero | Citologia (Papanicolau) | Citologia (Papanicolau) | MRI (imagem por ressonância magnética) |
| Cérebro | ——— | Ressonância magnética e marcador tumoral C-11 | ——— |
| Linfoma | ——— | ——— | ——— |
| Melanoma | ——— | ——— | ——— |
| Laringe | ——— | ——— | ——— |
| Bexiga | Ultra-sonografia | Ressonância magnética | Ultra-sonografia |
| Rim | Ultra-sonografia | MRI | Ultra-sonografia |
| Ovários | ——— | ——— | MRI (imagem por ressonância magnética) |
| Tireóide | ——— | ——— | ——— |
| Testículos | Palpação | Palpação | ——— |

# *Detalhamento de vários exames*

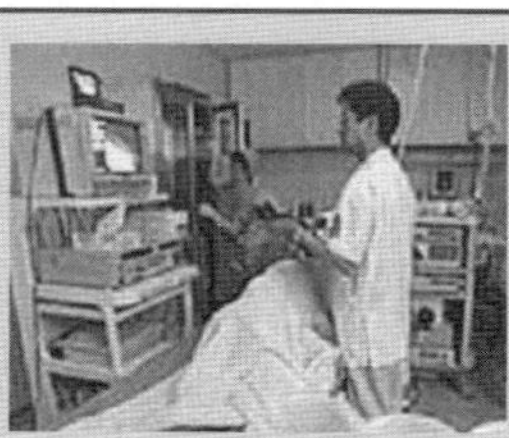

## • *Endoscopia do estômago e do esôfago*

A endoscopia é o exame que permite a análise da membrana mucosa do esôfago, do estômago e do duodeno. Deve-se estar em jejum na manhã do exame. Pouco antes do teste, o indivíduo recebe um medicamento para limpar o estômago e facilitar a observação de suas paredes.

Em seguida, aplica-se um *spray* anestésico na garganta para possibilitar a passagem do endoscópio sem maiores problemas. Só então o paciente será sedado com uma injeção intravenosa.

O aparelho verifica se há lesões, seja por câncer, úlcera ou outros motivos, em algum dos órgãos examinados. O equipamento permite a identificação de pequenas alterações da membrana mucosa, mas, se for necessário, pode-se ainda retirar uma amostra da membrana para a realização de biópsia.

## • *Colonoscopia*

A colonoscopia permite a observação direta da membrana mucosa do cólon e possibilita a identificação de lesões por câncer ou pólipos. Cerca de duas horas antes de começar o exame, o indivíduo deve beber dois litros de um preparado laxativo para a remoção completa das fezes do intestino (deve-se estar em jejum na manhã do exame). Isso é fundamental para permitir uma visualização adequada.

O aparelho é flexível e possui uma iluminação que permite observar todo o trajeto percorrido durante o exame, desde o ânus até o ceco, e, eventualmente, as porções finais do intestino delgado. O teste leva cerca de 30 minutos para ser realizado.

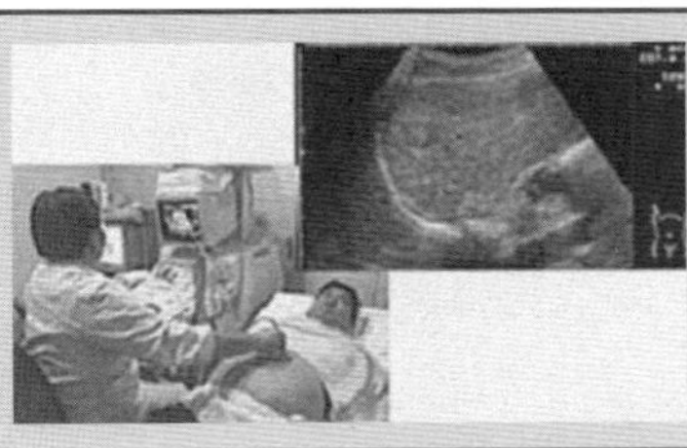

• *Ultra-sonografia total do abdômen*

A ultra-sonografia total do abdômen permite o exame do fígado, da bexiga, do pâncreas e dos rins. É necessário estar em jejum, fazer uma dieta especial, de acordo com as recomendações médicas, além de efetuar uma limpeza dos intestinos por medicamentos laxativos.

Durante o exame, o médico aplica um gel na pele do abdômen, para que o transdutor possa ser deslocado mais facilmente sobre os órgãos a serem examinados. A duração média do exame é de 40 minutos.

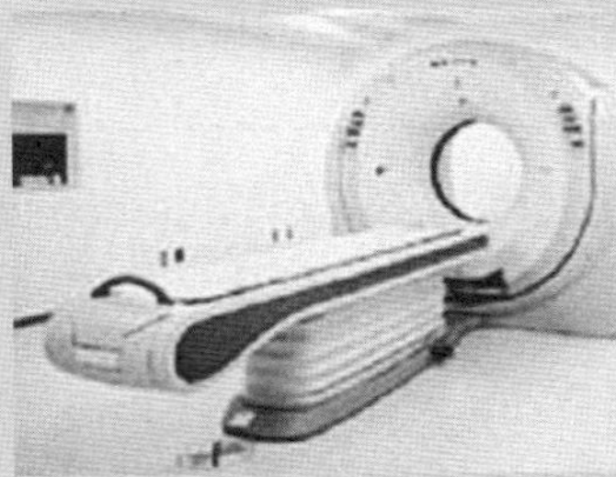

• *Tomografia computadorizada do tórax com cortes finos (helicoidal)*

A tomografia computadorizada do tórax é indicada para o diagnóstico de tumores no pulmão. O indivíduo é colocado de lado e deve prender a respiração por alguns instantes, o que permitirá a realização de várias imagens do pulmão durante esse período. O exame permite o diagnóstico de outras doenças além do câncer do pulmão.

• *Mamografia*

A mamografia é um exame radiológico realizado em um aparelho de alta resolução, que permite visualizar imagens tumorais e calcificações e identificar lesões não palpáveis quando o tumor ainda é pequeno. Consiste em colocar a mama entre duas placas e emitir um raio X.

• *Ultra-sonografia da mama*

O ultra-som é um dos métodos usados para identificar lesões na mama. O sistema de análise das imagens de ultra-som é capaz de apontar a benignidade ou a malignidade de um nódulo mamário a partir de características da lesão. É adequado para o exame em pacientes cujas glândulas mamárias tiveram um aumento.

• *Citologia (Papanicolau)*

Durante o exame, o médico, ou a enfermeira, coleta as células da abertura do colo do útero e da superfície que o rodeia. O material coletado é então submetido a uma análise laboratorial. A partir desse exame é possível diagnosticar o câncer do colo do útero.

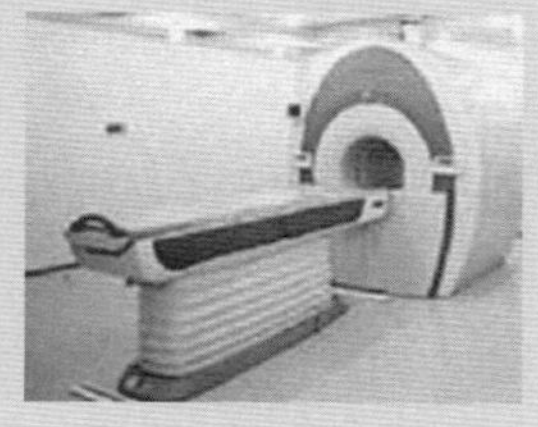

### • *Imagem por ressonância magnética (MRI)*

A imagem por ressonância magnética (ou MRI, na sigla em inglês) é um exame moderno diferente da radiografia e da tomografia computadorizada, pois não utiliza radiação (raios X), e sim um forte campo magnético e ondas de rádio que levam à formação de imagens.

Permite ao médico radiologista examinar, com mais precisão, diferentes partes do corpo. É bastante recomendado para o diagnóstico do câncer na região pélvica e pode ser importante também para a identificação de tumores uterinos e ovarianos. O indivíduo a ser examinado deve informar ao médico sobre o uso de marca-passo cardíaco, clipes de aneurisma cerebral, implantes metálicos, implantes eletrônicos, neuroestimuladores e suspeita de gravidez.

### • *Marcadores tumorais*

Os marcadores tumorais são substâncias produzidas principalmente por tumores e liberadas na circulação, cuja dosagem quantitativa pode dar indícios da situação do tumor.

A avaliação laboratorial para marcadores tumorais CA19-9 (câncer no pâncreas) e CEA (é o marcador para áreas não específicas) é feita para homens e mulheres. Já o PSA (câncer na próstata) é aplicado para homens, e o CA125 (câncer no ovário), para mulheres.

O teste de marcadores tumorais não é suficiente para fazer o diagnóstico precoce do câncer. Por essa razão, ele pode ser associado a exames por imagem.

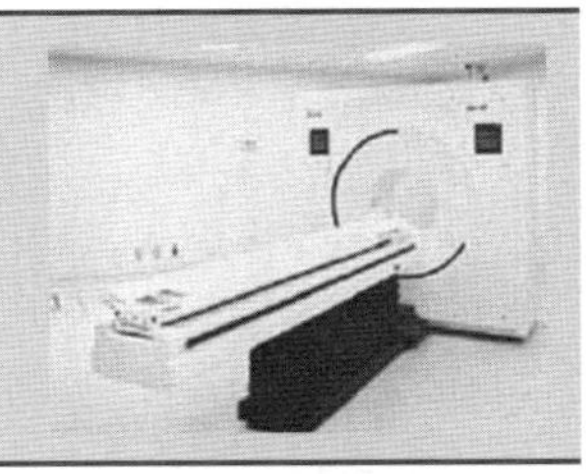

• *PET*

O PET vem sendo cada vez mais utilizado na diferenciação entre nódulos malignos e benignos. Esse método utiliza um análogo radioativo da glicose, a deoxi-2-D glicose marcada com flúor-18 (FDG), como radiotraçador. Como as células do câncer são ávidas por glicose, elas tendem a absorver a substância, que, introduzida juntamente com o flúor, passa a ser facilmente marcada e identificada no *screening* feito a partir do PET.

Em teoria, qualquer pessoa está apta a fazer o *screening* pelo PET-CT. Só não devem passar pela avaliação os diabéticos com a glicemia abaixo de 200mg fora de controle, grávidas, mulheres que planejem engravidar ou ainda com suspeitas de gravidez. Indivíduos com problemas de fibrilação arterial podem ter uma concentração maior de FDG, o que pode dificultar o diagnóstico pelo PET-CT. Mas, mesmo nesses casos, não há contra-indicações.

Segundo a equipe do Dr. Yasuda, há indivíduos que descobrem ter problemas de fibrilação justamente ao passar pelo PET-CT e, por essa razão, muitos cardiologistas estariam olhando com interesse para mais essa faceta do exame.

Embora alguns médicos digam que os pacientes com problemas no coração não devam se submeter ao exame, os especialistas em PET-CT garantem que não há contra-indicações para os cardíacos. Os médicos também ressaltam que não há limite de idade para os candidatos ao teste, embora geralmente recomendem o exame geral completo, incluindo o PET, para indivíduos com mais de 40 ou 50 anos, dependendo da orientação da clínica. No entanto, não costumam recusar pessoas mais jovens que queiram passar a fazer os testes periodicamente.

O exame do PET-CT dura cerca de uma hora. Mas o *screening* propriamente dito leva aproximadamente 20 minutos. Os 40 minutos restantes são gastos para introduzir o preparado radiofarmacêutico (FDG) nos examinados. O preparado é injetado na veia do indivíduo, que, após a aplicação, é levado para uma sala de espera, na qual é mantido até que o preparado faça efeito. Só então é transferido para a sala onde fica o equipamento, muito parecido com o aparelho da tomografia computadorizada.

Para quem tem medo de sentir dor, os médicos esclarecem que o exame não dói. É apenas a picada da injeção intravenosa do preparado. Os especialistas lembram ainda que o PET é menos incômodo do que um exame por contraste de bário, por exemplo. Como a introdução do FDG é feita pela veia, o indivíduo não tem o mesmo mal-estar provocado pela ingestão do bário nem precisa se preocupar com os efeitos que a substância possa ter no organismo nas horas que se seguem ao exame. O PET pode ser inclusive menos desconfortável do que uma ressonância magnética, segundo os médicos. O local onde os indivíduos ficam para passar pelo *screening,* no equipamento do PET, não é tão estreito quanto o da ressonância. O aparelho também faz menos barulho.

Deve-se fazer jejum de quatro a seis horas antes do teste, e o ideal é que o indivíduo a ser examinado faça poucos exercícios na véspera para não alterar os resultados da avaliação.

# *Tabela de sobrevida em cinco anos para alguns tipos de câncer*

Não reproduzimos os casos com percentuais de sobrevida inferiores a 40%.

| **Alguns tipos** | **0** | **I** | **II** | **III** | **IV** |
|---|---|---|---|---|---|
| Pulmão | 100% | 60% a 80% | 25% a 50% | | |
| Estômago | 89% | 58% a 70% | | | |
| Mama | 100% | 98% | 76% a 88% | 49% a 56% | |
| Cólon e reto | 90% | 70% a 85% | 40% a 65% | | |
| Esôfago | 75% | 60% | 40% | | |
| Fígado | | 50% | 50% | 50% | |
| Colo do útero | 100% | 85% a 95% | 65% a 80% | | |
| Laringe | 96% a 100% | 80% a 90% | 70% a 80% | 50% a 80% | 50% a 80% |
| Vesícula biliar | | 30% a 90% | 10% a 60% | 10% a 60% | |
| Bexiga | 94% | 94% | 94% | 49% | |
| Melanoma | 97% | 75% a 95% | 50% a 85% | 45% | |
| Rim | | 90% a 100% | 65% a 75% | | |
| Ovário | | 85% a 100% | 65% a 70% | | |

# *Tabelas do NCC*

## *(Centro Nacional do Câncer do Japão)*

### *a eficiência do* screening *no diagnóstico precoce e na taxa de sobrevivência*

A – Perspectiva de sobrevida, para o período de cinco anos, no diagnóstico da doença em assintomáticos por meio do *screening* completo e os que foram diagnosticados por sintomas ou outros meios;

B – Estágio clínico no momento da detecção por *screening* em assintomáticos ou sem sintomas.

Tabela do NCC sobre a eficiência do *screening* no diagnóstico precoce e na taxa de sobrevivência

| Local | Screening | | Outros | |
|---|---|---|---|---|
| | Número | Sobrevida relativa para o período de cinco anos | Número | Sobrevida relativa para o período de cinco anos |
| Estômago | 10.441 | 87,8% | 32.958 | 53,3% |
| Cólon | 3.593 | 92,6% | 15.317 | 63,8% |
| Reto | 1.787 | 90,4% | 9.614 | 60,2% |
| Pulmão | 4.249 | 45,8% | 16.332 | 16,3% |
| Mama | 1.360 | 92,8% | 12.550 | 83,7% |
| Útero | 714 | 91,4% | 4.537 | 71,3% |

Pacientes diagnosticados em seis instituições (Miyagi, Yamagata, Niigata, Fukui, Osaka e Nagasaki) no Japão, 1993-1996. Estudo no grupo de pesquisa para População de Registros de Cancer no Japão, financiado em parte pelo programa Grant-in-Aid Cancer Research, do Ministério da Saúde, Trabalho e Bem-Estar Social do Japão.

Estado clínico no momento da detecção por *screening* em assintomáticos ou sem sintomas

| Local | Detecção | *In situ* | Localizado | Regional | Tecido adjacente / órgão | Distante |
|---|---|---|---|---|---|---|
| Estômago | *Screening* | — | 72,2% | 18,2% | 3,5% | 5,6% |
| | Outros | — | 45,3% | 21,8% | 11,4% | 21,6% |
| Cólon e reto | *Screening* | 36,3% | 43,1% | 13,8% | 1,9% | 5,0% |
| | Outros | 9,5% | 40,2% | 22,4% | 8,7% | 19,2% |
| Pulmão | *Screening* | 0,4% | 48,2% | 25,3% | 10,0% | 16,0?% |
| | Outros | 0,1% | 22,0% | 19,4% | 20,3% | 38,3% |
| Mama | *Screening* | 5,9% | 62,0% | 28,5% | 2,2% | 1,4% |
| | Outros | 3,5% | 54,1% | 33,2% | 3,2% | 6,0% |
| Útero | *Screening* | 51,1% | 41,3% | 3,0% | 3,4% | 1,1% |
| | Outros | 19,4% | 45,8% | 6,4% | 21,6% | 6,9% |

Pacientes diagnosticados em seis instituições (Miyagi, Yamagata, Niigata, Fukui, Osaka e Nagasaki) no Japão, 1995-1999. Casos cujos estágios clínicos eram desconhecidos foram excluídos.

# *Entrevistas com os renomados médicos do Japão*

# *Dr. Hironobu Ochi e Dr. Seiei Yasuda*

Arquivo pessoal

Arquivo pessoal

*Dr. Hironobu Ochi e Dr. Seiei Yasuda*

# *Mania de exames*

O velho ditado brasileiro "Melhor prevenir do que remediar" é seguido à risca do outro lado do mundo. Os mais de 127 milhões de japoneses têm mania de check-ups completos e fazem pelo menos um por ano. Dizem os especialistas que preferem perder tempo e gastar dinheiro com exames preventivos a fazê-lo com longos, caros e dolorosos tratamentos, cirurgias, ou seja lá o que as enfermidades que possam desenvolver venha a exigir.

A tradição é institucionalizada. Desde pequenos, japoneses e japonesas submetem-se anualmente a exames de prevenção básicos. As crianças em idade escolar começam com testes de urina e parasitose intestinal, pagos pelo governo. Para os adultos, são gratuitos os exames periódicos de sangue, raio-X do tórax, contraste por bário para o estômago, teste de sangue oculto nas fezes e mamografia. Todos devem ser feitos pelo menos uma vez por ano. Os mais sofisticados (endoscopia, tomografia computadorizada, ressonância magnética, etc.) não são de graça, mas o seguro cobre parcialmente.

A grande incidência de câncer na população acabou levando as autoridades a incentivarem uma série de programas de saúde voltados para o combate à doença nos últimos anos. Os programas de *screening* de câncer gratuitos foram introduzidos no Japão em 1983 por meio de uma lei do sistema de saúde que se aplica à população acima de 40 anos. Em princípio, incluíam apenas os exames preventivos para o câncer do colo do útero e do sistema gástrico. Em seguida vieram os programas do câncer colorretal, de pulmão e da mama. Atualmente, cinco tipos de *screening* de câncer são feitos gratuitamente em todo o país. Estima-se que, ao todo, 25 milhões de japoneses e japonesas sejam submetidos a esses testes anualmente.

Em 2004, o governo lançou uma estratégia abrangente de 10 anos para o controle do câncer com o objetivo de reduzir de maneira significativa os casos e os números de mortes pela doença no Japão. O programa, que ainda está em curso, envolve o desenvolvimento de métodos eficientes de *screening*, bem como de pesquisas para a prevenção do câncer. Nesse mesmo ano foi criado o Centro de Pesquisas para Prevenção e Screening do Câncer (RCCPS, na sigla em inglês). Trata-se, na verdade, de um braço do Centro Nacional do Câncer (NCC, na sigla em inglês), com sede em Tóquio, voltado exclusivamente para novas pesquisas e o controle do câncer.

O centro subdivide-se em quatro departamentos que trabalham constantemente em sintonia: Screening do Câncer, Tecnologias para o Screening do Câncer, Prevenção e Estatísticas/Controle do Câncer.

Os dois primeiros se ocupam do *screening* do câncer por meio de modalidades de exames de imagem e do desenvolvimento de novas tecnologias voltadas para a detecção da doença. Entre os principais testes realizados pela instituição para a identificação dos diversos tipos de câncer estão a tomografia por emissão de pósitrons (PET, na sigla em inglês) do corpo inteiro, ressonância magnética para a região da pélvis em mulheres, tomografia computadorizada para o pulmão, ultra-sonografia para o alto abdômen e mama, endoscopia para o aparelho gastrointestinal e radiografia digital com detector de tela plana para o cólon.

De acordo com dados divulgados pelo RCCPS, em relatório publicado em março de 2005, 123 lesões cancerígenas confirmadas por testes histológicos foram encontradas em 127 dos 3.690 participantes voluntários do programa. Trata-se de uma taxa de 3,33%. No documento, o RCCPS avisa que pretende desenvolver métodos eficientes de detecção do câncer com comprovação científica.

A íntegra do relatório do RCCPS e a do texto publicado no *Japanese Journal of Clinical Oncology* – disponibilizado na versão *online* desde 30 de maio de 2006 – podem ser consultadas em http://jjco.oxfordjournals.org.

Nos Departamentos de Prevenção e de Estatísticas/Controle do Câncer, o trabalho é um pouco diferente. As equipes dessas duas divisões estão mais voltadas para as pesquisas sobre o código genético e o estilo de vida dos japoneses, bem como para a influência que esses fatores podem ter na prevenção do câncer, além da manipulação e análise das estatísticas da doença em nível nacional.

Os resultados do primeiro ano de pesquisas do RCCPS – apesar de considerados preliminares pelo próprio Centro Nacional do Câncer – confirmam que é possível aumentar o percentual de detecção da doença. Embora faça todas as ressalvas sobre eventuais desvantagens das novas modalidades de *screening* do câncer, a equipe mostra-se confiante na capacidade desses testes em identificá-lo de maneira precoce e em estágios iniciais, como veremos em seguida.

Destacam-se entre essas novas modalidades de *screening* a tomografia computadorizada (CT, na sigla em inglês) e o PET. Este último utiliza como radiotraçador a deoxi-2-D glicose marcada com flúor-18 (FDG). Os médicos japoneses ainda têm especial apreço pela gastrofibroscopia (GFS, na sigla em inglês) para o *screening* do esôfago e do estômago.

O interesse pelo PET como exame para o acompanhamento dos vários tipos de câncer vem se difundindo em todo o mundo. Especificamente no Japão, Taiwan e Coréia do Sul resolveu-se apostar ainda mais na precisão do teste, que passou a ser considerado também um valioso instrumento de detecção precoce da doença. Não se trata apenas de descobrir em que estágio se encontra o desenvolvimento de um tumor maligno – função pela qual o exame é mais conhecido –, e sim de identificá-lo antes mesmo que se manifeste.

Na última década, equipes médicas, nesses três países, têm trabalhado incessantemente na aplicação do PET para o diagnóstico precoce do câncer em pessoas saudáveis, ou seja, que ainda não apresentam qualquer sintoma da doença. Em nenhum outro lugar do mundo o PET é usado em assintomáticos com essa finalidade de maneira sistemática.

Esses novos métodos, em geral não invasivos, vinham sendo aplicados no monitoramento dos diversos tipos de câncer nos últimos anos. Mas, de acordo com as pesquisas médicas, têm demonstrado eficiência e apresentado bons resultados como ferramentas para a identificação de tumores ainda em fases iniciais, ou seja, passíveis de cura.

Por essa razão, especialistas do mundo todo começam a incluir esses testes na longa lista de exames periódicos recomendados aos seus clientes – ainda que alguns desses métodos não tenham capacidade cientificamente comprovada de aumentar a sobrevida dos pacientes e/ou de garantir que todos os tumores poderão ser diagnosticados a tempo de ser curados. O objetivo é muito claro: a tentativa de identificar a doença ainda no início e salvar vidas.

Intuitivamente, parece muito claro que a detecção precoce de tumores, antes mesmo de sua manifestação por sintomas, aumenta as chances de cura dos pacientes e, portanto, pode reduzir as taxas de mortalidade. Segundo especialistas, são necessários estudos aprofundados, ao longo dos próximos anos, em que se comparem as taxas de mortalidade para cada tipo de câncer, em seus diversos estágios, em grupos cuja identificação da doença tenha sido obtida por meio das novas modalidades e em grupos que não tenham passado pelos mesmos exames.

É preciso ainda considerar uma série de fatores que podem alterar os resultados das pesquisas, como idade, histórico familiar, estilo de vida, a própria natureza dos diversos tipos de tumores e as possíveis intervenções cirúrgicas feitas nos pacientes posteriormente, entre outros elementos.

Enquanto essa confirmação não vem – daí o motivo de o governo japonês ainda não adotar essas modalidades que costumam ser caras em seus programas periódicos de *screening* –, médicos da iniciativa privada e até mesmo as equipes dos hospitais públicos, como é o caso do NCC, começam a ver com otimismo as novas modalidades.

O Estado japonês não cobre o exame pelo PET-CT, por exemplo, em indivíduos assintomáticos. Mas a cobertura já existe para pacientes que tenham apresentado os sintomas do câncer – ou seja, o sistema público de saúde financia o exame para quem já está em tratamento, ou mesmo para quem tenha se submetido a essa triagem por conta própria e descoberto algum tipo de câncer.

A cobertura é relativamente recente. Foi aprovada pelo Ministério da Saúde, Bem-Estar Social e Trabalho, em 2002, para apenas 10 tipos de câncer (pulmão, mama, colorretal, cabeça, pescoço, cérebro, pancreático, linfoma maligno, metástase do fígado de origem desconhecida e melanoma maligno). Outros três casos – esôfago, útero e ovário – acabam de entrar para a lista do governo.

## Uma iniciativa privada

A cobertura cada vez mais ampla do seguro público de saúde para os exames em pacientes sintomáticos, o aumento das pesquisas sobre o diagnóstico precoce e o crescente interesse das pessoas saudáveis pelas novas modalidades de *screening* do câncer explicam a proliferação do uso desses novos métodos em clínicas especializadas.

Existe um grande número de clínicas privadas especializadas em check-ups completos espalhadas pelo Japão. Em alguns casos, quase não se nota que se tratam de clínicas médicas. A sede da Clínica Himedic, em Osaka, fica dentro de um grande hotel de luxo, em uma das ruas mais elegantes da cidade. Não se diferenciam os clientes a ser examinados dos hóspedes.

É enorme a lista de exames que se realizam nessas clínicas: de testes simples e corriqueiros, como um hemograma completo ou exame de urina, a avaliações complexas que exigem aparelhagem especial. Segundo os médicos, esse tipo de clínica costuma ser extremamente lucrativo, em função da forte demanda e dos baixos custos de manutenção, em comparação com o custo dos hospitais, por exemplo.

Em 1999, apenas 30 clínicas japonesas realizavam o PET. Nos quatro anos seguintes, depois que a cobertura pelo sistema público foi autorizada pelo governo para os casos mencionados anteriormente, o número subiu para 40.

A primeira vez que o PET foi usado no Japão, especialmente com o objetivo de fazer uma grande varredura no organismo de indivíduos sem qualquer sintoma de câncer, foi em 1994. Desde então, o exame tem sido tema central de inúmeros congressos, em que se discutem a sua eficácia como ferramenta indispensável no diagnóstico precoce da doença em assintomáticos e a confiabilidade de seus resultados nesses casos entre os japoneses.

Hoje, 112 clínicas realizam o PET no Japão, e mais de 60% delas já utilizam o teste para fazer também o diagnóstico precoce do câncer em indivíduos aparentemente saudáveis. Embora nem todas trabalhem com os assintomáticos, como mostram as estatísticas, pode-se dizer que, atualmente, cerca de 50% dos clientes dessas clínicas especializadas são indivíduos saudáveis, dispostos a se submeter ao exame por conta própria mesmo sem o auxílio do seguro de saúde.

O custo do equipamento que vem sendo utilizado no Japão (PET-CT) é de aproximadamente US$ 2,1 milhões. Existem, atualmente, quatro fabricantes dessas máquinas: a alemã Siemens, a americana General Electric, a holandesa Philips e a japonesa Shimasu.

É cada vez maior o número de pessoas saudáveis que não só se tornam voluntários como pagam para seguir os protocolos, incluindo o PET e outras das chamadas novas modalidades de *screening* recomendadas pelas equipes médicas especializadas. Querem conferir por elas mesmas o alcance desses exames e a sua capacidade de detecção de tumores em fases ainda iniciais. Submetem-se a uma avaliação literalmente dos pés à cabeça, ainda que não apresentem quaisquer sintomas da doença ou mesmo casos na família.

Embora o seguro de saúde público já cubra uma série de exames importantes e bastante abrangentes, muitos japoneses preferem pagar do próprio bolso por testes complementares ainda mais detalhados ou pelas novas modalidades de *screening*.

E pagam caro por isso. No Japão, um check-up completo incluindo a avaliação pelo PET-CT, associado a outros exames fundamentais, pode custar a partir de US$ 3 mil aproximadamente, dependendo da clínica. Sozinho, o PET custa pouco mais de US$ 800. Os *screenings* de câncer completos, incluindo as novas modalidades como o PET, se transformaram em um grande filão no Japão.

Não é possível dizer exatamente quantas pessoas saudáveis fazem no país os check-ups periódicos, que incluem as novas modalidades de *screening*, porque não há uma base de dados unificada para a totalidade das clínicas e hospitais, ou pelo menos não se divulgam essas informações.

Há lugares em que esses serviços são oferecidos apenas a um seleto grupo de indivíduos, que, além de pagarem pelos exames individualmente ou de recolherem uma espécie de anualidade para fazer as avaliações completas de saúde periódicas, devem associar-se à clínica. É como se pertencessem a um clube. Um dos pré-requisitos para que qualquer pessoa se torne membro é a compra de um título de ingresso.

Fomos ao Japão para conversar com duas equipes médicas que trabalham em clínicas particulares com o diagnóstico precoce do câncer: a Himedic, em Osaka e Yamanaka, e a Yotsuya, em Tóquio. Na base do protocolo de exames elaborado por elas, as novas modalidades de *screening* por imagem têm especial importância. Os grandes especialistas dessa corrente da Medicina nuclear têm grande apreço pelas potencialidades do PET-CT.

Os chefes dessas equipes – que têm uma série de trabalhos publicados nos principais periódicos médicos internacionais – nos receberam e contaram com exclusividade suas experiências de mais de 15 anos com a realização do *screening* de câncer em milhares de indivíduos assintomáticos. Falamos com o presidente da Himedic, Hironobu Ochi, e com o vice-presidente da Yotsuya, Seiei Yasuda.

Esses especialistas nos relataram as vantagens e as desvantagens das novas modalidades nos protocolos de *screening* do câncer, as estatísticas obtidas durante as pesquisas que realizaram nos últimos anos e a necessidade de se conhecer todas as possibilidades de exames disponíveis atualmente para o diagnóstico precoce do câncer.

Eles ainda revelaram a importância de um extenso protocolo de exames completos, entre eles o PET-CT, pelo menos uma vez por ano, de forma preventiva. Com isso, esperam monitorar mais precisamente a saúde de seus clientes e aumentar as chances de identificação preliminar de enfermidades importantes – principalmente as várias formas de câncer – antes mesmo da manifestação por sintomas.

Nas duas clínicas foram realizadas cerca de 7.000 avaliações que incluíram o PET-CT em assintomáticos no período de um ano. A Himedic, em suas filiais de Osaka e Yamanaka, realizou 5.000, e o Yotsuya Medical Cube, em Tóquio, outras 2.000.

O sistema de atendimento de ambas é bastante peculiar. Na primeira foram atendidos exclusivamente os chamados "membros associados" do centro médico – em geral, donos e administradores de empresas japonesas importantes, de acordo com o perfil de clientes divulgado pela direção da Himedic. A média de idade dessas pessoas é de 58 anos.

Elas pagam uma luva pelo título de ingresso e outros US$ 2,6 mil de anuidade, o que lhes dá o direito de fazer o exame de saúde geral uma vez a cada 12 meses. Estão incluídos no pacote, além do *screening* do câncer, o *screening* cerebral, o cardiovascular e um geral.

A Himedic engloba três clínicas que realizam os exames em pessoas assintomáticas no Japão: a de Yamanaka, a de Osaka e a de Toudai.

Não existe um limite máximo para o número de sócios que podem ser aceitos pela instituição. Atualmente, a clínica tem 5.000 membros inscritos apenas nas filiais de Yamanaka e Osaka. O equipamento da Himedic (a instituição tem dois aparelhos de PET-CT) permite a realização de 10 a 12 exames completos, diariamente, em cada uma das filiais.

Uma vez aceitos pelo "clube", os clientes recebem uma espécie de passe anual que lhes confere o direito de se submeter aos testes periódicos. Esse documento pode até mesmo ser passado adiante ou transferido para um amigo ou parente, caso o sócio assim decida. No entanto, como o passe só pode ser usado uma vez a cada 12 meses, o associado perde o direito ao exame naquele ano.

Em princípio não se aceitam estrangeiros como membros, em virtude da dificuldade de coleta da anuidade. Mesmo assim, a administração da clínica afirma que há clientes de fora do Japão inscritos no programa excepcionalmente.

Na Clínica Yotsuya (onde há também dois PET-CT), além dos membros cativos, passam pela avaliação geral indivíduos que não são associados, entre eles estrangeiros. Aliás, a direção do centro médico faz questão de ressaltar que os não-japoneses são mais do que bem-vindos, como sócios ou como clientes ocasionais.

O custo do exame completo para os não-sócios é de US$ 2,5 mil. Ao contrário do que se poderia imaginar, o preço do check-up para os associados é um pouco mais alto, uma vez que o fato de serem membros da clínica lhes concede o direito ao atendimento 24 horas e a exames sem reserva prévia.

O que leva essas pessoas a pagar caro para ter acesso a complexos check-ups que incluam o PET é o fato de acreditarem que, enquanto não se vislumbra a cura para uma das doenças que mais mata no mundo, é necessário lutar com a arma disponível no momento: a prevenção. Seja pela busca de um estilo de vida cada vez mais saudável, conforme recomendam os especialistas, seja pelo diagnóstico precoce da doença.

Os clientes querem ter a certeza de que não têm câncer, ou de que, se tiverem, podem rastreá-lo e descobri-lo a tempo, em um estágio passível de cura, ou, ainda, que lhes permita viver mais tempo.

A Sociedade de Medicina Nuclear do Japão tenta evitar que os resultados com o PET-CT, por exemplo, sejam divulgados em grande escala, para não despertar uma expectativa exagerada por parte do público em relação ao teste.

A instituição determina uma série de regras a serem adotadas pelos médicos que trabalham com o equipamento para o diagnóstico precoce.

A principal é justamente tentar conter a excessiva difusão dos resultados e das vantagens do teste, para não criar uma ansiedade irrealista por parte dos candidatos ao exame. Isso porque, assim como outros exames, o teste não tem como identificar com certeza absoluta 100% dos casos de câncer.

É importante lembrar que ninguém questiona a eficácia do PET-CT no auxílio aos pacientes em tratamento. O teste é amplamente usado para determinar o estágio dos tumores, de maneira que os médicos possam dosar os níveis de radioterapia e quimioterapia a ser aplicados em seus pacientes. O que está em jogo é a sua eficiência na descoberta de tumores ainda muito pequenos em fases iniciais.

Não é à toa que, recentemente, o NCC, em Tóquio, se lançou em uma série de estudos detalhados para avaliar os resultados do *screening* do câncer com as novas modalidades, entre elas o PET-CT, para o diagnóstico precoce do câncer. Desde 2004, como vimos anteriormente, a instituição pública acompanha os casos de tumores encontrados em indivíduos assintomáticos, os percentuais de precisão de detecção do PET, da CT e da GFS, os resultados das cirurgias e do tratamento dos pacientes, além das perspectivas de sobrevida de cada um deles. É a primeira vez que uma instituição pública, no Japão, se envolve de maneira tão profunda nas pesquisas das novas modalidades para indivíduos assintomáticos.

# *Em que ponto estão as pesquisas do Centro Nacional do Câncer do Japão*

Tivemos acesso aos primeiros resultados das pesquisas do RCCPS, o braço do NCC voltado para o *screening* do câncer. O trabalho desenvolvido há dois anos por esse grupo, criado especialmente para tentar antecipar o diagnóstico da doença e reduzir as taxas de mortalidade no Japão, mostra um percentual importante de detecção precoce de tumores.

Os dados a seguir fazem parte do relatório do RCCPS divulgado em março de 2005 e estão disponíveis na internet. O documento detalha o equipamento utilizado pela equipe médica, o protocolo elaborado para o exame dos indivíduos assintomáticos, as rotinas de pesquisas e os projetos futuros.

O grupo de investigação do RCCPS montou um protocolo de testes, no qual associa as novas modalidades de *screening* do câncer por imagem a outros testes tradicionais.

Os exames preventivos do câncer são realizados pela equipe dos Departamentos de Screening do Câncer e de Tecnologias para o Screening do Câncer do RCCPS. Ao todo, as duas divisões são compostas por nove radiologistas, quatro gastroenterologistas, um residente-chefe, um farmacêutico, sete técnicos de radiologia, dois técnicos de ultra-sonografia, dois técnicos de Medicina laboratorial e cinco enfermeiras.

As principais atividades desses departamentos consistem na realização de programas multifásicos de *screening* do câncer, incluindo modalidades de imagem e endoscopia gastrointestinal. A idéia é desenvolver novos sistemas de *screening* e avaliar a sua eficiência.

Os equipamentos usados pelos especialistas do setor são: uma plataforma de tomografia computadorizada de multidetecção (MD-CT), um sistema de imagem por ressonância magnética (MRI, na sigla em inglês) de 1,5T, duas plataformas de PET, um sistema cíclotron, um sistema de radiografia digital (RD, na sigla em inglês) com um painel de detecção de tela plana recém-desenvolvido, um aparelho de mamografia (MMG), três sistemas de ultra-sonografia (US) e três de endoscopia.

Uma das plataformas do PET é equipada com o MD-CT e, por essa razão, é chamada de sistema PET-CT. Todas as imagens são digitalizadas durante o trabalho da equipe médica e, por este motivo, todos os diagnósticos feitos por imagem podem ser realizados a partir de monitores CRT.

Os programas realizados pelo RCCPS foram desenvolvidos com o objetivo de trabalhar com um público bastante específico: mulheres acima de 40 anos e homens com mais de 50 anos. Essas pessoas devem assinar um documento confirmando a sua participação, fornecer uma amostra de sangue para análise genética e preencher um formulário com os detalhes de seu estilo de vida. Estão fora do programa os indivíduos que tiveram diagnósticos confirmados de câncer e/ou que estejam em tratamento nos 12 meses anteriores à sua participação nas pesquisas.

A equipe do RCCPS realiza um *screening* diferenciado para homens e mulheres. Os homens são submetidos a uma varredura no pulmão, esôfago, estômago, cólon, fígado, bexiga, pâncreas, rins e próstata. O programa básico para as mulheres é composto pelos mesmos testes, exceto próstata, e ainda inclui os exames da mama, útero e ovários. Há ainda a opção do PET do corpo inteiro para homens e mulheres que se decidam pelo conjunto total de testes previstos no *screening*.

Além dos multifásicos, realiza-se também um programa de *screening* para o pulmão e para os tipos de câncer feminino que incluem o útero e os ovários. Amostras de sangue são levadas para exame bioquímico, análise genética e de marcadores tumorais como CA19-9, CEA, CA125, PSA.

De acordo com o relatório do RCCPS, o protocolo aprovado pela diretoria da instituição, realizado ao longo de dois dias, subdivide-se da seguinte maneira.

No primeiro dia :

1) Pulmão: tomografia computadorizada;
2) Fígado, bexiga, pâncreas e rins: ultra-sonografia abdominal;
3) Útero e ovários: ressonância magnética por imagem (MRI);
4) Cérvix: exames ginecológicos e Papanicolau;
5) Mama: mamografia e ultra-sonografia.

No segundo dia:

1) Estômago e esôfago: gastroscopia (GF) ou constraste por bário;
2) Cólon e reto: colonoscopia (CF) total.

O FDG-PET também é oferecido para os participantes. E quem optar pelo contraste por bário deve fazer o teste em outro dia não consecutivo à CF.

Os programas multifásicos foram realizados em 3.690 participantes, entre os meses de fevereiro e dezembro de 2004. Foram confirmados histologicamente casos de câncer em 123 indivíduos. Os tipos de câncer encontrados pela equipe médica foram classificados da seguinte maneira:

- Gástrico 30
- Colorretal 29
- Pulmão 15
- Próstata 13
- Mama 12
- Esôfago 8
- Tireóide 6
- Gastrointestinal 3
- Bexiga 2
- Endométrio 2
- Outros 5

Trata-se de um percentual de detecção de 3,3% entre os indivíduos examinados. Todas as imagens obtidas pelos testes são digitalizadas e levadas ao banco de dados do centro, de modo que podem ser usadas nas atividades de rotina do RCCPS.

Nesse mesmo relatório, apresentado em março de 2005, o chefe do Departamento de Screening do Câncer, Y. Muramatsu, enumera ainda as pesquisas que vêm sendo realizadas pelo RCCPS. Entre elas estão os trabalhos para medir a sensitividade dos testes usados no *screening* do câncer para os órgãos em que são aplicados.

Ou seja, a equipe quer saber qual é a sensibilidade da tomografia computadorizada para o pulmão, por exemplo, da mamografia e do ultra-som para a mama, do ultra-som abdominal para o fígado, bexiga, pâncreas e rins, da ressonância magnética para o útero e ovários, do GF para o esôfago e estômago. Também está sendo testada a sensitividade dos marcadores tumorais.

As pesquisas em curso prevêem ainda a avaliação de um sistema de diagnóstico por computador para o câncer da mama, a partir de mamogramas de radiografias computadorizadas. Também devem ser avaliados o uso do FDG-PET no *screeening* do câncer, da colonografia MD-CT no diagnóstico de anormalidades na região colorretal, além da análise de uma radiografia digital baseada em um detector de tela plana recém-desenvolvido.

No momento em que o relatório foi divulgado estavam sendo programados para este ano projetos para o uso do MRI no *screening* de câncer do pâncreas, caso a avaliação do ultra-som não fosse satisfatória, e a adição de imagens difusas às convencionais, o que ainda teria sua eficiência avaliada. Estava previsto ainda o *screening* do câncer para o esôfago e o estômago por meio de séries gastrointestinais altas no lugar da endoscopia.

Em artigo publicado no *Japanese Journal of Clinical Oncology* – disponível em sua versão *online* desde o dia 30 de maio de 2006 –, a equipe do RCCPS mostra dados mais atualizados das pesquisas. Resultados dos testes realizados agora com 3.786 participantes, no período de fevereiro de 2004 a janeiro de 2005, mostram uma taxa geral de detecção do câncer de 5,8% para homens e de 4,1% para mulheres.

Um dos objetivos da equipe com esse trabalho é investigar a possibilidade de sobrediagnóstico, feito a partir das novas modalidades de *screening*. Ou seja, quando os testes acusam resultado positivo sem que o indivíduo tenha a doença. Para isso, comparam-se os casos esperados de câncer com os observados ao longo da pesquisa.

Os casos esperados são calculados com base na história positiva e negativa dos testes de câncer no ano anterior, de acordo com as respostas fornecidas pelos participantes no questionário que lhes é fornecido no início do programa, e na sensitividade e no período determinado para a fase pré-clínica e detectável do câncer (*sojourn time*).

A equipe não teria encontrado diferenças estatisticamente significativas para alguns casos de câncer. Mas registra uma forte diferença entre os casos esperados de câncer da mama e pulmão em mulheres e da próstata e gástrico em homens. A preocupação dos autores é que, embora os programas de *screening* do câncer tenham aumentado o potencial de detecção ainda em fases curáveis, essas modalidades, especialmente para o pulmão, mama e próstata, podem acabar identificando tumores que não sejam necessariamente significativos do ponto de vista clínico. Por isso, destacam a necessidade de se medirem os prós e os contras desses programas de *screening* do câncer.

A íntegra do relatório do RCCPS e do texto publicado no *Japanese Journal of Clinical Oncology* – disponibilizado na versão *online* desde 30 de maio de 2006 – podem ser consultados em http://jjco.oxfordjournals.org, como já mencionado.

# *Os números das clínicas particulares*

Enquanto as instituições públicas são mais reticentes e evitam falar abertamente sobre os resultados de suas pesquisas, as clínicas particulares não vêem problemas em discutir a evolução do seu trabalho. Para elas, o argumento definitivo em favor do *screening* do câncer com as novas modalidades, inclusive o PET-CT, em assintomáticos são justamente os resultados positivos que vêm obtendo ao longo destes últimos anos.

Os números falam por si só. As estatísticas são animadoras, embora ainda sejam importantes os chamados casos de falsos-positivos e falsos-negativos, e não se divulguem os resultados do acompanhamento do tratamento e da cura dos pacientes.

Os números indicam que o PET-CT, por exemplo, pode detectar mais casos de câncer do que os exames convencionais. E, quando associado a outros testes (o protocolo varia de clínica para clínica), torna-se um instrumento ainda mais poderoso de diagnóstico precoce. Ou seja, o potencial de detecção cresce sensivelmente quanto mais completo for o protocolo. E os percentuais de identificação da doença também variam de acordo com a faixa etária dos pacientes e os tipos de câncer.

Os exames de *screening* convencionais feitos no Japão identificam os diversos tipos de câncer em 0,5% dos pacientes examinados, segundo dados da força-tarefa do Ministério da Saúde, Bem-Estar Social e Trabalho divulgados em abril deste ano (2007). As estatísticas estão disponíveis no site http://www.pbealth.med.tohoku.ac.jp (em japonês).

Na Clínica Himedic, esse percentual sobe para 1,18%, quando a avaliação é feita apenas pelo PET-CT, e para 2,12%, quando o PET-CT é associado a outros exames, segundo números divulgados pela própria instituição no livro *Exames de controle e saúde em adultos com enfoque no PET*, que contou com a participação do Dr. Yasuda.

A pesquisa da Himedic considera um universo de 5.526 indivíduos (3.461 homens e 2.065 mulheres), examinados no período de outubro de 1994 a setembro de 2001. Todos eram assintomáticos e nunca foram diagnosticados como portadores de tumores em nenhuma outra instituição. Esses dados, no entanto, incluem alguns pacientes que já haviam sido tratados e totalmente curados. Detectaram-se 65 casos de câncer. Entre os examinados, 593 pessoas repetiram o teste no período por mais de cinco vezes.

| Os números do Centro Clínico Himedic | |
|---|---|
| Indivíduos analisados | 5.526 |
| Casos de câncer detectados pelo PET | 65 |
| Casos de câncer negativos pelo PET, porém detectados por outros exames | 52 |
| TOTAL | 117 |

**Os casos detectados pelo PET**

| | | | |
|---|---|---|---|
| Pulmão | 17 | Fígado por metástase | 1 |
| Tireóide | 15 | Bexiga | 0 |
| Colorretal | 13 | Próstata | 0 |
| Mama | 8 | Rim | 1 |
| Estômago | 3 | Outros | 7 |
| TOTAL | | 65 | |

**Os casos detectados por outros exames**

| | | | |
|---|---|---|---|
| Pulmão | 8 | Bexiga | 4 |
| Tireóide | 5 | Nódulo linfático | 1 |
| Colorretal | 2 | Esôfago | 1 |
| Mama | 3 | Próstata | 15 |
| Estômago | 3 | Rim | 5 |
| Fígado por metástase | 5 | Outros | 2 |
| TOTAL | | 52 | |

Percentual de detecção de câncer pelo PET: 1,18%.
Percentual de detecção de câncer pelo PET mais outros exames: 2,12%.

Fonte: "Exames de controle e saúde em adultos com enfoque no PET", de Michiru Ide, Seiei Yasuda, W. Takahashi e A. Shohtsu, do Centro Clínico HIMEDIC – Centro de Imagens de Yamanaka.

A Himedic não tem um acompanhamento do tratamento dos pacientes que descobrem algum tipo de tumor. Segundo o presidente da clínica, a instituição só faz os exames e encaminha os pacientes para os hospitais.

"Achamos o tumor e encaminhamos o paciente a um hospital. Nos desligamos do paciente. Não há como avaliar o estágio dos tumores em um primeiro momento. O estágio é identificado depois em laboratório", afirma o Dr. Ochi.

No entanto, os números divulgados pela Himedic incluem alguns dados sobre o tratamento feito posteriormente nos pacientes. Dos 17 casos de tumor de pulmão revelados pelo PET – com tamanhos que variavam de 1,0cm a 3,6cm –, 16 foram alvo de cirurgia. Todos os pacientes sobreviveram.

Segundo uma publicação da Himedic sobre os resultados obtidos com o PET, um dos casos de câncer da mama, detectado pelo equipamento, havia dado negativo no ultra-som e na mamografia. A paciente foi submetida a uma cirurgia para retirada de um tumor de 0,6cm. Não houve sequer a necessidade de limpeza ganglionar.

Os tumores da tireóide identificados pelo PET variavam de 0,6cm a 3,0cm, enquanto os da mama oscilavam entre 0,6cm e 2,4cm; os do cólon, entre 1,2cm e 6,0cm; os do fígado, entre 0,6cm e 2,4cm. Os tumores de pâncreas, rim e laringe eram de 2,0cm, 4,0cm e 4,0cm, respectivamente.

Na lista dos chamados falsos-negativos obtidos pela Himedic encontram-se principalmente aqueles órgãos apontados pelo Dr. Ochi como de difícil detecção pelo PET.

Outros exames acabaram por confirmar a presença de tumores nos pacientes. Os 15 casos de câncer de próstata (de A2 a D2) foram revelados pelo PSA. Já os oito tumores de pulmão, que passaram despercebidos pelo PET, variavam de 0,8cm a 2,0cm e foram detectados pela tomografia computadorizada.

Outros cinco casos de câncer no rim foram identificados pelo ultra-som, pela ressonância magnética e pela tomografia computadorizada. O PET não foi capaz de detectá-los. Os tumores variavam de 1,5cm a 6,0cm. Os cinco casos de hepatoma (de 1,0cm a 2,0cm) foram apontados pela ressonância magnética e pelo ultra-som, assim como os quatro casos de câncer da bexiga (1,5cm a 3,0cm).

Já cinco outros tumores de tireóide (1,0cm a 2,0cm), três de mama (1,5cm) e quatro de estômago (4,0cm) foram detectados pelo ultra-som. Dois casos de tumor colorretal (0,5cm), que também haviam passado despercebidos pelo PET, foram captados pelo teste de sangue oculto nas fezes.

A Clínica Yotsuya obteve um percentual de detecção ainda maior do que o da Himedic. Estima-se que o número de casos de câncer identificados pela equipe do Dr. Yasuda esteja entre 1,9% e 3,4% dos indivíduos assintomáticos submetidos ao PET, associado a outros exames. Ou seja, algo entre 3,8 e 6,8 vezes mais do que os 0,5% obtidos pelos *screenings* convencionais no Japão.

Como os dados utilizados pela clínica são muito recentes – incluem os exames feitos com 529 indivíduos assintomáticos, de maio de 2005 a fevereiro de 2006 –, ainda é necessário confirmar parte dos casos revelados pelos testes por meio de análises patológicas. Por esse motivo, o percentual da clínica foi divulgado dentro de uma faixa.

Entre os 529 indivíduos que passaram pelo *screening,* 17 apresentaram algum tipo de câncer. Até o momento apenas 10 casos foram confirmados pelas análises patológicas. Os outros sete ainda precisam de confirmação (ver tabela de resultados da Clínica Yotsuya).

O número de assintomáticos examinados pela Yotsuya é bem mais baixo do que o da Himedic, porque os testes foram feitos no período de um ano apenas. Vale lembrar que, antes de trabalhar na Clínica Yotsuya, o Dr. Yasuda pertencia aos quadros Himedic, onde participou dos estudos com os assintomáticos desde o início. Chegou a apresentar uma série de artigos e estudos conjuntos com a equipe de Ide, representado por Hironobu Ochi neste livro.

**Os números da Clínica Yotsuya**

| | |
|---|---|
| Indivíduos analisados | 529 |
| Casos de câncer detectados | 17 |
| Confirmados por análise patológica | 10 |
| Pendentes de confirmação | 7 |

**Os casos detectados (pendentes de confirmação)**

| | | | |
|---|---|---|---|
| Colorretal | 4 (1) | Esôfago | 1 |
| Estômago | 2 (1) | Próstata | (1) |
| Pulmão | 1 (2) | Mama | (1) |
| Tireóide | 1 (1) | Pâncreas | (1) |
| Nódulo linfático | 1 | | |
| TOTAL | | 10 (7) | |

Percentual de detecção de câncer: 1,9% ~ 3,4%.

Fonte: Clínica Yotsuya Medical Cube, Tóquio.

A diferença entre os percentuais de detecção apresentados pela Himedic e pela Yotsuya pode ser atribuída aos métodos usados nos protocolos de cada equipe médica para realizar os check-ups completos anuais de rotina.

"Os programas de *screening* são diferentes entre a Himedic e a Yotsuya. Ambos realizam o PET no conjunto de testes, mas a Yotsuya possui um programa de estudos mais sofisticado. A clínica realiza, além dos outros exames a que são submetidos os clientes da Himedic, a gastrofibroscopia e a mamografia. O PET pode falhar na detecção de tumores gástricos em fases muito iniciais, enquanto a gastrofibroscopia pode identificá-los", afirma o Dr. Yasuda.

As estatísticas mais recentes divulgadas pela própria Himedic no livro sobre o PET, para o período de outubro de 1994 a setembro de 2001, mostram a quantidade de vezes a que os indivíduos foram submetidos ao exame no período pesquisado. Do universo de 5.526 examinados, 3.127 realizaram o teste apenas uma vez. O restante teve que passar pela avaliação mais de uma vez. Por essa razão, foram realizados ao todo 11.430 exames nos 5.526 examinados. As repetições podem acontecer para reafirmar o resultado do teste ou pela freqüência preventiva anual.

## *Contra-argumentos*

As controvérsias em torno do uso das novas modalidades de *screening* por imagem em assintomáticos não param nas divergências sobre os tipos de câncer que venham a cobrir ou nos níveis de sensibilidade e especificidade desses exames. Equipes médicas pelo mundo inteiro torcem o nariz para as vantagens do PET, por exemplo, e não poupam críticas ao seu uso como poderoso instrumento de diagnóstico precoce. Não vêem tantos benefícios para os examinados, uma vez que o teste está sujeito a falhas na identificação de tumores em fases iniciais, e enumeram uma série de desvantagens.

A avaliação geral é de que faltam estudos a longo prazo que comprovem a eficácia do diagnóstico precoce pelo PET no aumento da expectativa de vida dos pacientes em que foi detectado algum tipo de câncer. Também não estão totalmente convencidos pelas estatísticas de que o exame pode salvar vidas e apontam excessivos casos de falsos-positivos e falsos-negativos. Em meio a tantas incertezas, acreditam que os indivíduos submetidos ao teste são expostos desnecessariamente a altos níveis de radiação e ainda pagam caro pelo *screening*, quando outros testes convencionais poderiam ser tão ou mais eficientes na detecção da doença.

Depois de muitos anos de pesquisa, milhares de indivíduos examinados e centenas de pacientes curados, as equipes do Dr. Yasuda e do Dr. Ochi dispõem de uma longa lista de contra-argumentos para cada uma das críticas que se fazem ao *screening* realizado pelo PET.

Sobre os custos, as equipes médicas explicam que, ainda que os governos não possam ou não queiram pagar pelo exame (até pela falta dos tais dados que comprovem a sua eficácia pela redução do número de óbitos e pelo aumento da longevidade dos pacientes), muitos cidadãos têm condições de fazê-lo por conta própria.

Além disso, embora ninguém tenha feito as contas na ponta do lápis, os especialistas estão convencidos de que os gastos com medicamentos, tratamentos, cirurgias, pós-operatório, quimioterapia e radioterapia são bem maiores do que o custo com os testes periódicos de prevenção.

"Existe uma economia muito grande. O diagnóstico precoce pelo PET pode reduzir a duração e a complexidade das cirurgias, dos períodos de internação e pós-operatório, além de possibilitar uma recuperação psicológica mais rápida para o paciente. Estamos falando aqui de um exame que pode baixar o custo dos tratamentos e aumentar a qualidade de vida das pessoas", alerta o Dr. Ochi.

Os médicos que trabalham com o *screening* feito a partir do PET em assintomáticos são taxativos: o exame tem um alcance maior do que os outros testes e não oferece riscos importantes de contaminação, como acreditam os críticos.

O contraste por bário, por exemplo – teste difundido no Japão e pago pelo Estado anualmente como um dos testes de prevenção oferecidos aos cidadãos –, tem um grau ainda mais alto de radiação do que aquele que se identifica a partir do PET, segundo o Dr. Yasuda.

A estimativa é de que, em uma sessão de 20 minutos de PET (tempo médio de duração do *screening*), os níveis de radiação cheguem a algo em torno de 2,0 milisievert (mSv), índice que os responsáveis pelo teste não chegam a considerar elevado ou arriscado. Além disso, destacam que o F-18 (preparado radiofarmacêutico ou *tracer*) injetado nos pacientes tem uma meia-vida de apenas 110 minutos. Ou seja, esse é o tempo que a substância leva para ser eliminada pelo organismo.

O Himedic defende que esse índice de radiação é o mesmo a que está sujeito um cidadão comum durante um ano de sua vida cotidiana – que varia em torno de 2,2mSv.

"Vale a pena fazer o exame. Esse índice não é muito elevado", diz o Dr. Ochi, que vai ainda mais longe e afirma que na região dos Andes a população está sujeita a níveis de radiação que oscilam em torno dos 12,0mSv por ano e nem por isso os habitantes da região apresentam uma incidência maior de casos de câncer. De acordo com pesquisas, pilotos e comissários de bordo, por exemplo, durante um ano de trabalho, são submetidos a níveis mais elevados de radiação do que um indivíduo examinado a partir do PET durante uma sessão normal de *screening*.

De acordo com dados da clínica japonesa Higashitemma, um raio-X do tórax submete o paciente a um nível de radiação de 0,3mSv, enquanto o radiologista ou técnico de radiologia seria exposto a um índice máximo de 50mSv. Um exame comum em Medicina nuclear pode variar entre 0,3mSv e 10mSv. O tratamento por radiação (radioterapia) local chega a 60.000mSv.

Por via das dúvidas, e para fazer frente aos críticos, as equipes da Himedic e da Yotsuya não submetem os indivíduos ao exame mais de uma vez por ano.

A questão da falta de dados de longo prazo que confirmem a eficiência dos resultados dos exames feitos a partir do PET também não assusta seus experimentados defensores:

"O PET é bom e nos permite ter o diagnóstico precoce do câncer", diz o Dr. Ochi, enfaticamente. Em sua avaliação – e os dados de seus estudos podem comprovar –, são inúmeras as vantagens do uso cada vez mais amplo do PET, principalmente em comparação aos outros equipamentos disponíveis. O mesmo mostram as estatísticas sobre sensibilidade e especificidade do PET em comparação com outros exames convencionais apresentadas pela equipe do Dr. Yasuda, conforme mencionado anteriormente.

O Dr. Yasuda admite que ainda são necessários mais estudos para avaliar o alcance do PET, e os efeitos que a detecção precoce do câncer pelo teste pode ter em termos de cura, ou de garantia de mais anos de vida com qualidade para os pacientes. Provar isso não é fácil, segundo o médico, porque é preciso fazer o que chamou de uma randomização das pesquisas: calcular quantas pessoas sobreviveram, ou quantos anos de vida ganharam aqueles pacientes de câncer que passaram pelo PET e aqueles que descobriram a doença por outros métodos. Essas pesquisas teriam que ser feitas para cada um dos casos da doença. E são necessários anos de acompanhamento de cada um dos pacientes. "Isso é quase impossível", afirma o Dr. Yasuda.

No entanto, o especialista não esconde o entusiasmo com os resultados que vem obtendo nesses últimos anos em suas pesquisas. A falta de dados de mais longo prazo sobre os benefícios do exame, em sua avaliação, não invalidam a eficiência do teste, porque a experiência comprovada pelas estatísticas obtidas até agora confirma que o PET detecta tumores em fases curáveis.

Por essa razão, diferentemente de muitos outros especialistas no assunto, o Dr. Yasuda reitera que as pessoas precisam ter a opção. Devem decidir por elas próprias se querem ou não se submeter ao PET, ainda que o seguro de saúde não pague o exame. Mas, para isso, devem estar a par de todas as vantagens e desvantagens do teste. O mesmo argumento vale para as outras modalidades de *screening*. Em sua opinião, os médicos têm um papel fundamental nesse sentido: devem fornecer todas as informações necessárias aos interessados e dar total transparência às controvérsias, às críticas que envolvem os exames e aos seus benefícios.

Quanto à questão dos falsos-positivos e dos falsos-negativos, os médicos destacam que outros exames também têm uma margem de erro importante, como vimos anteriormente. Segundo esses profissionais, existem várias alternativas para se mitigar o número de diagnósticos incorretos. Uma delas é lançar mão de profissionais altamente treinados na análise visual do *screening* feito a partir do PET. A outra é procurar montar o protocolo de exames de maneira que os testes sejam complementares entre si.

É óbvio que um profissional visualmente bem treinado é muito mais capaz na hora de ler os resultados.

– Se houver alguma dúvida, pode-se sempre comparar os resultados do PET com os de outros exames – garante o Dr. Ochi.

– Os profissionais da Medicina nuclear, especializados no PET oncológico, são indispensáveis para interpretar precisamente as imagens do *screening* – reitera o Dr. Yasuda.

O debate em torno do PET: As vantagens e as desvantagens do exame

| **Vantagens** | **Desvantagens** |
|---|---|
| Detecção precoce do câncer | Subdiagnóstico (falsos-negativos) |
| Maiores possibilidades de tratamentos menos invasivos | Diagnóstico exagerado (falsos-positivos) |
| Redução da mortalidade | Exames excessivos ou desnecessários |
| Aumento da qualidade de vida | Tratamento exagerado para doenças menos importantes |
| Boa relação custo-benefício (o exame é mais barato do que o tratamento do câncer) | Altos custos financeiros para os examinados (o teste é caro e não tem cobertura do sistema público de saúde) |
| Alívio | Ansiedade |
| Outros exames de menor precisão podem expor os pacientes à radiação | Exposição excessiva à radiação |

# *Quem pode fazer o* screening *do câncer e as contra-indicações*

O fato de não manifestar qualquer sintoma do câncer não significa que um indivíduo não tenha a doença. Em geral, os primeiros problemas costumam aparecer quando um tumor já se encontra em fase avançada. Daí a importância de se fazer regularmente os exames completos de saúde solicitados pelos médicos. As chances de cura do câncer são maiores quando descoberto em estágio inicial.

Segundo os especialistas, não há como precisar em que momento exato da doença começam a surgir os primeiros sintomas. A maioria dos tipos de câncer pode levar de 10 a 20 anos para evoluir até um tumor de cerca de 1cm. A partir daí a doença se desenvolve rapidamente. A velocidade depende do tipo de câncer e das células do paciente.

Há alguns tipos de câncer que, mesmo descobertos em pacientes assintomáticos, podem já estar bem desenvolvidos. Um tumor colorretal, por exemplo, pode ser identificado pelo teste de sangue oculto nas fezes ainda numa fase muito inicial, antes de o paciente sentir qualquer diferença em seu organismo. No entanto, um câncer no pâncreas pode apresentar os primeiros sintomas quando já estiver em um estágio avançado e com um percentual baixo de sobrevida. Esta é outra razão para que os check-ups de rotina estejam sempre em dia.

O problema é que as pessoas costumam se deparar com um tumor maligno por acaso quando se submetem a testes para tratar ou acompanhar outras enfermidades. Nesses casos, se tiverem sorte, identificam a doença numa fase passível de cura. Quanto mais tarde se descobre um tumor, menores as chances de lutar contra ele, advertem os médicos no mundo inteiro. E as novas modalidades de *screening* têm uma função primordial na detecção precoce da doença.

Acredita-se que o PET-CT, por exemplo, possa diagnosticar um tumor ainda antes de completar o primeiro centímetro, enquanto outros testes convencionais só o fariam a partir desse tamanho. Isso só reforça a idéia dos defensores do PET de que o *screening* do câncer, com esse equipamento, deve ser feito periodicamente, assim como o protocolo elaborado pelas clínicas especializadas.

Submeter-se uma vez ao extenso conjunto de exames pedidos pelos médicos anualmente não significa que o indivíduo não desenvolva a doença mais para a frente. Ou seja, o fato de seguir hoje o protocolo solicitado pelos japoneses não significa que, dentro de um ou dois meses, a doença não vá se desenvolver no organismo do indivíduo.

O exame não antecipa a existência de tumores, apenas os descobre, em geral enquanto ainda estão em um estágio inicial. A freqüência com que devemos fazer os exames previstos nos protocolos das clínicas japonesas varia de acordo com as regras de cada instituição, mas, em geral, não passa de um período de 12 meses.

– Nunca se sabe se um paciente que tenha passado pelo *screening* pode vir a desenvolver um tipo de câncer qualquer um, dois ou três meses depois de realizado o PET. Dependendo de sua evolução, deixar para fazer um novo *screening* dois anos depois, por exemplo, pode ser tarde demais – afirma o Dr. Ochi.

A Himedic submete seus sócios a novos exames a cada 11 meses, embora o Dr. Ochi acredite que o ideal mesmo seria realizá-los a cada seis meses. Mas, nesse caso, segundo o médico, a medida poderia submeter os clientes a uma exposição excessiva de radiação em um curto espaço de tempo. A opção pelos 11 meses se justifica pelo fato de os novos exames caírem sempre em um período diferente do ano. Variando o mês, segundo o Dr. Ochi, crescem as chances de verificar o indivíduo em diversas fases da sua rotina, sujeita a fatores externos diversificados.

No Yotsuya Medical Cube, os exames são feitos a cada 12 meses e, segundo o Dr. Yasuda, esta seria a periodicidade ideal.

Os testes complementares podem estender o check-up para até dois dias, dependendo da quantidade de exames solicitados pelo médico. Em geral, os médicos garantem que esses últimos também não são dolorosos.

A freqüência determinada para os outros exames também varia de acordo com os especialistas. Normalmente, eles solicitam, a cada ano, amostras de sangue, fezes e urina, mamografia, citologia, raios-X, ressonância magnética, contraste por bário (este pode ser um pouco desagradável). A colonoscopia, em geral, é recomendada uma vez a cada dois ou cinco anos.

Pela própria duração dos check-ups completos, as clínicas especializadas realizam no máximo 15 exames por dia. Nessas grandes clínicas adota-se por política dividir a avaliação anual em algumas etapas.

Os clientes devem fazer desde os exames mais corriqueiros, como sangue, urina, raio-X do tórax, Papanicolau, a outros mais complexos e detalhados, como a mamografia, a tomografia computadorizada, a ressonância magnética e o PET. Na Clínica Yotsuya, os indivíduos devem fazer ainda uma gastrofibroscopia. A avaliação de saúde é subdividida em cérebro, coração, câncer e geral.

## *Entrevista com a dermatologista*

# *Dr.ª Cristina Abdala*

O câncer de pele é uma doença na qual ocorre a proliferação de células malignas. A pele apresenta vários tipos de célula, e, dependendo da origem da célula maligna, podemos observar os diferentes tipos de tumores cutâneos.

O câncer de pele mais comum é o carcinoma basocelular, que tem origem nas células da camada basal. O carcinoma espinocelular é o segundo mais freqüente e tem origem nas células espinhosas. O melanoma é um câncer de pele que tem origem nos melanócitos, que são as células que produzem o pigmento da pele. Há ainda vários outros tipos de câncer de pele, porém esses são os mais freqüentes.

Os diversos tipos de câncer de pele apresentam características evolutivas diferentes. O carcinoma basocelular comporta-se como um tumor localizado, geralmente de crescimento lento, porém, se não tratado adequadamente, essa lesão pode crescer e comprometer áreas extensas e estruturas nobres, principalmente da face, provocando cirurgias maiores. É extremamente rara a metástase de carcinoma basocelular, ou seja, que o carcinoma basocelular se espalhe pelo organismo. O carcinoma espinocelular já é um tumor com potencial de metástase, principalmente quando ocorre nos lábios e couro cabeludo. É importante salientar que, mesmo após o tratamento adequado destes tumores, o paciente deve ser acompanhado para avaliação de recidiva, metástase do carcinoma espinocelular e aparecimento de novos tumores. Os indivíduos que apresentaram carcinoma têm maior chance de manifestar um segundo carcinoma, pois eles estão extremamente relacionados com a exposição solar. Nesta, a pele é irradiada como um todo, e, portanto, o câncer pode aparecer também em um outro ponto, sem necessariamente significar metástase, pois a pele desses indivíduos fica suscetível a um novo câncer por estar comprometida pela irradiação.

O melanoma é um tipo de câncer com maior potencial de gerar metástases. Ele pode se metastatizar, principalmente, para os gânglios linfáticos, fígado, pulmão e cérebro.

A forma de apresentação desses tumores é variada. O carcinoma basocelular pode se manifestar como uma área de pele mais sensível, uma "bolinha", uma pequena ferida ou ponto, ou uma "espinha" que não cicatriza e pode apresentar algum sangramento. O carcinoma espinocelular pode se apresentar como uma área de pele mais espessa, áspera, uma placa, uma verruga, uma ferida que não cicatriza. Esse tipo de lesão também pode atingir os lábios. Ele geralmente surge em áreas mais expostas ao sol, como a face, braços, orelhas e tórax, porém pode ocorrer também em áreas cobertas, como os genitais.

O melanoma pode se apresentar como uma pinta "nova", ou uma pinta que apresentou modificação como crescimento, dor, alteração na cor, borda, coceira ou sangramento. Existe uma regra prática, conhecida como a regra do ABCD, que é: A = assimetria, B = bordas, C = cor, D = diâmetro maior que 6mm. Pintas assimétricas, com bordas irregulares, mais de uma cor e de diâmetro maior que 6mm, que apresentam ou não alguma das manifestações citadas, devem ser examinadas por um dermatologista. O melanoma pode ou não estar localizado em área de exposição solar.

É importante ressaltar que nem todas essas alterações e sinais descritos significam um câncer de pele, porém são sinais importantes de alerta, para que se procure um médico para a avaliação do quadro. A prevenção e o tratamento precoce de um câncer de pele favorecem o melhor prognóstico (evolução) da doença. No melanoma maligno, principalmente, o tratamento de uma lesão bem no início pode salvar uma vida. Há lesões de melanoma tão pequenas quanto a ponta de um lápis. A partir da observação desses fatos é que se recomendam o auto-exame, a avaliação e o acompanhamento dermatológico freqüentes nos indivíduos, principalmente nos de alto risco.

Segundo estimativas da American Cancer Society, um em cada sete americanos vão desenvolver algum tipo de câncer de pele durante a vida. Mais de um milhão de casos de câncer de pele estão relacionados ao sol. O melanoma é o câncer de pele mais sério, com estimativa de cerca de 62.000 casos novos em 2006, que podem gerar cerca de 8.000 mortes ainda este ano (2007).

Quando se aborda a questão do câncer de pele, além das orientações de proteção – como evitar o sol em horário de pico, procurar a sombra, o uso de proteção como roupa, óculos e chapéu, evitar bronzeamento com fonte artificial de luz, a aplicação de protetor solar – é importante saber quem sãos os indivíduos de maior risco e manter uma vigilância maior de auto-avaliação e avaliação médica.

Os indivíduos mais suscetíveis são aqueles de pele clara, principalmente os que mais se queimam do que se bronzeiam (não significa que indivíduos morenos ou de pele mais escura não apresentem câncer de pele), olhos claros, cabelos claros, ruivos, pessoas que apresentam sardas, história pessoal ou familiar de câncer de pele, principalmente o melanoma, indivíduos que apresentam várias pintas, principalmente os portadores dos nevos conhecidos como atípicos, portadores de mais de 50 pintas, pessoas que apresentaram várias queimaduras solares importantes na vida, queimaduras solares severas na infância ou outra forma de queimadura de segundo ou terceiro graus, indivíduos com úlcera crônica, pacientes transplantados ou que façam uso de alguma droga imunossupressora, pessoas que por lazer ou trabalho estiveram muito tempo expostas ao sol.

É importante a avaliação dermatológica quando uma lesão for suspeita, ou quando o indivíduo fizer parte do grupo de risco. Para achar a lesão suspeita é importante o auto-exame. Sabe-se que hoje, em países onde ocorre uma campanha educacional de prevenção do câncer de pele, mais de 50% dos diagnósticos são feitos por indivíduos que realizam o auto-exame e procuram um médico. O auto-exame é muito fácil, depende de um pouco de tempo, paciência e um espelho para se observar áreas de acesso mais difícil ao campo visual. Não se esqueça de também avaliar sua boca, unhas, genitais. Peça para que alguém verifique o seu couro cabeludo. Na dúvida de uma lesão suspeita, não adie uma visita ao médico.

Na consulta dermatológica, deixe que o seu médico examine o corpo todo, pergunte sobre as lesões que causam dúvidas.

No caso de indivíduos portadores de muitas pintas ou pintas suspeitas, o médico pode solicitar a realização de um exame dermatoscópico, que pode ser realizado no próprio consultório por médicos capacitados e habituados ao exame. O exame dermatoscópico consiste em se avaliar a lesão com o auxílio de um instrumento que apresenta uma lente. Além de aumentar a lesão para exame, ela permite melhor avaliação das estruturas das pintas, a fim de indicar ou não a retirada da mesma para exame anátomo-patológico, que revelará se a lesão é benigna ou maligna. Porém o exame dermatoscópico permite uma indicação melhor da necessidade ou não da retirada da pinta, ou simplesmente do acompanhamento da lesão.

Há um outro exame, o mapeamento, que pode estar agregado à dermatoscopia, que consiste na retirada de fotografias do corpo de indivíduos que apresentem muitas pintas. De tempos em tempos, conforme a determinação médica, essas fotos são repetidas para avaliar se há crescimento ou modificação das pintas e se é preciso indicar a retirada para exame anátomo-patológico. Essas são as ferramentas que auxiliam no acompanhamento e diagnóstico.

Mesmo com todas essas ferramentas e medidas educacionais disponíveis, em países mais desenvolvidos o câncer de pele continua a apresentar uma curva ascendente nas estatísticas. Provavelmente, um dos elementos determinantes é que, a cada dia, damos mais importância ao diagnóstico precoce do câncer de pele por causa dessas medidas, porém ainda não é possível uma análise completa da doença. Fica a mensagem da prevenção e, em especial, da educação para que as novas gerações saibam como evitar, se proteger e reconhecer um tipo de câncer que na maioria dos casos poderia ter sido evitado.

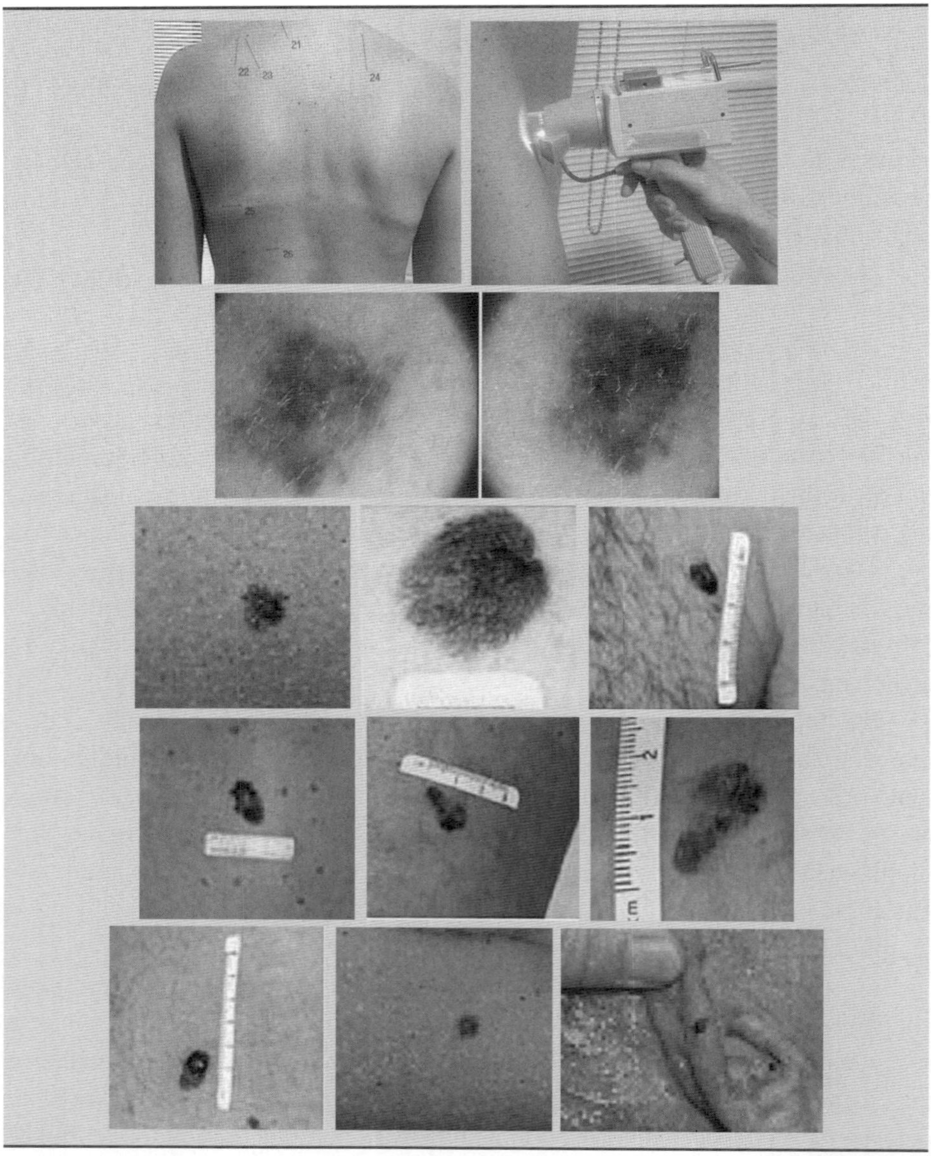

# *Instituições onde existem PET/CT ou PET no Brasil*

## • *São Paulo*

**HCor – Hospital do Coração**
Rua Desembargador Eliseu Guilherme, 147
Paraíso – SP
Tel.: (11) 3053-6611

**Hospital Sírio-Libanês**
Rua Dona Adma Jafet, 91
Bela Vista – SP
Tel.: (11) 3155-0900

**Sociedade Beneficente Israelita Brasileira Albert Einstein**
Av. Albert Einstein, 627/701
Morumbi – SP
Tel.: (11) 3747-1233

**Real e Benemérita Associação Portuguesa de Beneficência**
Rua Martiniano de Carvalho, 965 – Bloco 6
Paraíso – SP
Tel.: (11) 3505-6125

**Hospital A. C. Camargo**
Rua Prof. Antonio Prudente, 211
Liberdade – SP
Tel.: (11) 2189-5000

**InCor – Instituto do Coração**
Av. Dr. Enéas de Carvalho Aguiar, 44
São Paulo – SP
Tel.: (11) 3069-5328

## • *Rio de Janeiro*

**Hospital Samaritano**
Rua Bambina, 98
Botafogo – RJ
Tel.: (21) 2537-9722

**Multi-Imagem PET-CT**
Av. das Américas, 4.666, sala 323 B
Barra da Tijuca – RJ
Tel.: (21) 2430-9214

## • *Campinas*

**Medicina Nuclear de Campinas – MN&D**
Av. Barão de Itapura, 1.276
Campinas – SP
Tel.: (19) 3731-4141

**Dimen Médicos Associados Análises Clínicas**
Av. Brasil, 961
Campinas – SP
Tel.: (19) 3741-6550

## • *Brasília*

**Clínica Villas Boas**
SHLS 716, Conjunto N, Bloco D
Brasília – DF
Tel.: (61) 2191-5050

**IMEB – Instituto de Medicina Nuclear e Endocrinologia de Brasília**
SHLS 716, Conjunto L, Centro Clínico Sul, Praça da Saúde
Brasília – DF
Tel.: (61) 3202-1702

## • *Belo Horizonte*

**Instituto Hermes Pardini**
Av. do Contorno, 4.747
Belo Horizonte – MG
Tel.: (31) 2121-6200

## • *Salvador*

**Hospital São Rafael**
Av. São Rafael, 2.152
Salvador – Bahia
Tel.: (71) 3281-6111

INFORMAÇÕES SOBRE OS
PRÓXIMOS LANÇAMENTOS

Para receber informações sobre os lançamentos da Editora Sextante, basta cadastrar-se diretamente no site www.sextante.com.br

Para saber mais sobre nossos títulos e autores, e enviar seus comentários sobre este livro, visite o nosso site www.sextante.com.br ou mande um e-mail para atendimento@esextante.com.br

Editora Sextante
Rua Voluntários da Pátria, 45 / 1.404 – Botafogo
Rio de Janeiro – RJ – 22270-000 – Brasil
Telefone (21) 2286-9944 – Fax (21) 2286-9244
E-mail: atendimento@esextante.com.br